www.pilgern-im-norden.de

www.glaubenssachen.de

AF723562

Bernd Lohse, geb. 1958,
ist Pilgerpastor an der
Hamburger Hauptkirche
St. Jacobi (www.jacobus.de).
Als Autor wurde er bekannt
durch den PilgerKrimi
„Familienbande“ (3/2011):
www.glaubenssachen.de
Sie erreichen ihn unter:
pastorlohse@t-online.de

Bernd Lohse

Der Olavsweg

Pilgerführer von Hamar nach Trondheim

Mit einem Vorwort von Franz Alt

Lutherische Verlagsgesellschaft Kiel

Für die Olavsweg-Pilger und Pilgerinnen

Ich danke für Wegbegleitung, vielfache Hilfen,
für Freundschaft und Anregungen zu diesem Buch:
Brigitte und Franz Alt, Helmut Lange, Steinar Pettersen,
Eiler Prytz, Helfried und Renate Weyer sowie allen,
mit denen ich auf dem Olavsweg unterwegs sein durfte.

Viele der in diesem Buch genannten Unterkünfte haben nicht ganzjährig geöffnet. Deshalb sollten Pilger sich vorab unter www.pilegrimsleden.no informieren.

ISBN 978-3-87503-210-9

Erweiterte und umfassend aktualisierte Neuauflage 2018
FSC-zertifiziertes Papier aus verantwortungsvollen Quellen
© Lutherische Verlagsgesellschaft mbH, Kiel 2018
Alle Rechte vorbehalten
Layout: reidel soltau grafikdesign, Hamburg
Cover: Ev. Presseverband Norddeutschland GmbH,
Corinna Kahrs
Fotos: Brigitte Alt, Helmut Lange, Eiler Prytz, Bernd Lohse

INHALT

Wo der Himmel weit und offen ist, da kann der Geist gut wehen.

Den Acker der Seele bewässern

Pilgern ist das, was alle Religionen gemeinsam haben. Sich auf einen Pilgerweg machen heißt, den Acker der Seele bewässern. Wer wandert, verbindet Aktion und Kontemplation – Wandern kann zur Wandlung führen. Verwandlung braucht Zeit. Mehr, als wir sie uns im normalen Alltag nehmen. Beim Pilgern in Norwegen mit dem Pilgerpastor Bernd Lohse – so haben meine Frau Bigi und ich es erleben dürfen – können die Worte Jesu in gute Erde gesät werden und im Herzen reifen. Für immer mehr Menschen entsteht heute eine Theologie des Weges, eine Art fünftes Evangelium der Natur, eine Frohe Botschaft der guten, überwältigenden und schönen Schöpfung.

Beim Pilgern geht es darum, nach seinen Wurzeln zu suchen und gleichzeitig einen neuen Aufbruch zu wagen: weg von unserer Außen-Fixiertheit und hin zu anderen Werten, zur Gemeinschaft mit Gott und zu einer neuen Sensibilität für die gefährdete Schöpfung. Pilgern kann uns in Kontakt mit unserer inneren Weisheit bringen. Und dabei können wir die Natur als eine kreative Kraftquelle entdecken.

Ein Pilger geht hinaus in das Innere. Pilgern ist eine Geh-Meditation auf Feld-, Wald- und Wiesenwegen. In einer Zeit der überfüllten Terminkalender, der schnellen Veränderungen und der zunehmenden Stress-Krankheiten hilft Pilgern zu einem Weg der Entschleunigung, der inneren Ruhe und zu einer Zeit der Stille. Im Raum der Stille, des Schweigens und des Nichts-Tuns können wir der Stimme unseres Herzens lauschen.

Franz Alt auf seiner Pilgerwanderung nach Trondheim im botanischen Garten der Pilgerherberge Kleivan. Foto: Brigitte Alt

Der Türöffner zur Seele ist die Stille. Dort finden wir auch Antworten auf unsere existenziellen Fragen: Warum bin ich? Woher komme ich? Und: Wohin gehe ich? Eine Pilgerin und ein Pilger gehen hinaus, um nach Hause zu finden. Heinrich Böll wurde einmal gefragt, warum er glaube. Seine Antwort: „Weil wir auf dieser Erde nicht ganz zu Hause sind."

Pilgern kann zu einer Art Heimweg werden. Auf der inneren Wanderschaft des Pilgerns kann man den vielleicht überzeugendsten Gottesbeweis erleben: die Schönheit der Schöpfung.

Ich wünsche diesem Pilgerführer von Bernd Lohse, dass er Ihnen Lust auf äußeres und inneres Wandern bereite.

Franz Alt

„Was hinter uns liegt und was vor uns liegt sind Winzigkeiten im Vergleich zu dem, was in uns liegt."

Oliver Wendell Holmes

Pilgern in Norwegen?!

Hatte ich richtig gehört? Im lutherischen Norwegen pilgern? Ist Pilgern nicht katholisch und geht nur nach Santiago, Rom oder Lourdes? Was ich 1999 von evangelischen Norwegern im französischen Kloster Taizé gehört hatte, ließ mich nicht mehr los. Sie hatten vom „Pilegrimsleden" erzählt, den 1997 der norwegische Kronprinz Håkon Magnus eingeweiht habe. Seither hat mich dieser Weg gerufen und gefunden und ich staune, was ich in Norwegen pilgernd erleben durfte. Ich bin bald nach Norwegen gefahren, um den Weg zu recherchieren. Das Ergebnis war mein Krimi „Familienbande" (s. www.glaubenssachen.de), ein Pilger-Krimi. Seitdem bin ich immer wieder auf dem „Pilegrimsleden" nach Trondheim gegangen, meistens mit Gruppen. Die ich nach Trondheim führen durfte, waren vom Pilgern in Norwegen begeistert, und die wir unterwegs trafen, auch.

Norwegen und Pilgern: Das passt, und für mich ist es eine Selbstverständlichkeit geworden. Gerade die ungeheure Naturfülle und die spirituelle Offenheit in der Kultur des Landes machen Norwegen zum idealen Pilgerland. Beten in der Natur und schweigend durch Gottes Schöpferwerk gehen sind prägende Erfahrungen. So ist es auch mit dem Wetter: Es arbeitet am Pilger, verwandelt, fordert und beschenkt. Grandios! Und wenn man dann nach einem tagelangen Anstieg mit unfassbaren Ausblicken belohnt wird,

Wegmarke im Fjell

erscheinen dem Pilger die Gewichte und Werte im Leben in ganz anderem Licht.

Die Menschen am Weg und die norwegische lutherische Kirche sind freundliche, offene Gastgeber. Sie sind stolz auf die Wege, die zum bedeutendsten Heiligtum des Nordens führen, zum Nidaros-Dom nach Trondheim. Diese großartige Kathedrale ist sowohl ein christlich-mystisches Erlebnis als auch ein Zeugnis der Wege, die Menschen im Glauben und Suchen auf ihrem Lebensweg zurückgelegt und vor sich haben. Spiritualität begleitet Pilger auf Schritt und Tritt, denn Norwegen ist voller Mystik: Die Holzbalken von Kirchen und Höfen, die Quellen und bemoosten Steine, die erhabenen Berge und die Spuren der Lebewesen im Fjell, alles das trägt Spuren des Schöpfers. Pilgern in Norwegen ist eine Entdeckungsreise zu den Quellen des Lebens, zu Gott, der allem Geschaffenen seinen Geist eingegeben hat, und zu sich selbst: dem Menschen auf dem Weg durch dieses Leben zu einem Ziel, das er allenfalls ahnen kann.

Der Olavsweg erhält seinen großen Reiz durch grandiose Landschaften, durch die er führt. Überdies erleben die Pilger viele besondere geistliche Orte – zunächst die Domkirchenruine in Hamar, die in ihrer Versehrtheit erhalten, aber jetzt mit einem Glaszelt geschützt ist; eine der Kirchen dieser Welt, die mich am stärksten gefesselt haben: zum Himmel offen, ein heller Schutzraum voll Erhabenheit und Leben – Vögel, Schmetterlinge, Pflanzen. Hier sind die Pilger mitten im Wetter und doch davor behütet, können auf den See schauen, in den Himmel oder in die eigene Tiefe.

Die mittelalterliche Ringsaker-Kirche ist ein Ort voller Geheimnisse und schlichter Würde, die Stabkirche von Ringebu weist auf die Verbindung von paganer und christlicher Spiritualität hin, die sich ergänzen konnten.

Die Domkirchenruine mit Blick zum Altar

Der weiße Stein im Gudshuset auf Fokstugu

Neben Gebäuden sind es immer wieder besondere Orte in der Natur, die aufgeladen sind mit geistlicher Qualität: Olavsquellen, Gebetssteine, Gräber und Lagerplätze, an denen auch Rat gehalten wurde; Orte, wo sich Menschen in Not und in Kraft aufhielten. Es gibt eine Ehrfurcht vor der Kraft der Natur, vor der Menschen manchmal nur zurückweichen können. Solche Orte erfüllen Pilger mit Demut und Staunen, zwei geistliche Qualitäten, die ich in Norwegen erst richtig kennengelernt habe. Und es gibt Orte, die Menschen aus innerem Antrieb und vollem Bewusstsein geschaffen haben: Die eindrucksvolle, kleine Kapelle auf dem Fokstuguhof im offenen Dovrefjell ist so ein Gebetsort der besonderen Art. Wenn Laurits Fokstugu abends um 18 Uhr über den Hof zum Glockenseil geht und die Glocke zum Klingen bringt bei jedem Wetter, wird etwas von der Verlässlichkeit des Himmels auch an diesem wetterdominierten Ort spürbar. An vielen Tagen hört niemand außer ihm und seiner Frau das Angelus-Geläut auf Fokstugu. Aber die Anzahl der Ohren ist nie ein Grund für Kirchengeläut gewesen. Gott ist nah an vielen solcher Orte hier oben in Norwegen. Und er allein weiß, wer alles hinhört ...

Spürbar wird Gottes Nähe auch in der warmen Gastfreundschaft und in der Freude, mit Fremden ins Gespräch zu kommen. Mich beeindruckt der ehrliche Stolz der Menschen auf Tradition und ihre Offenheit für Modernes, die sich nicht ausschließen. Ich kann lernen, was es heißt, „zu Gast“ zu sein, bin dankbar, dass sie mich teilhaben lassen an ihrer Fülle. Ich darf ihnen meinen Segen und meine Erlebnisse dalassen und sie hören gerne, was ich ihnen erzähle. Pilgern in Norwegen ist Zusammenspiel von Natur und Geist. Die Fülle an weitestgehend unversehrter Natur wirkt auf die Pilgernden geradezu heilsam.

Die Seele kann sich erden beim achtsamen Gehen im kargen Dovrefjell und Kraft schöpfen mitten im üppigen Grün. Die Stille wirkt wie eine große Meditation. Die Abhängigkeit von Wind und Wetter schärft die Sinne für die Zusammenhänge von Menschenleben und Schöpferwerk. Wie nah wir Menschen ins Ganze der Schöpfung verwickelt sind, wird beim Pilgern in Norwegen bewusst. Die Stille in Wäldern oder auf Bergwiesen, das Rauschen unzähliger Wasserläufe und das Flüstern des Windes in Bäumen und Blätterwerk – alles in dieser Natur kann zu Pilgern sprechen und bewusst machen, wessen wir wirklich bedürfen.

Dem Weg in Norwegen wohnt eine verborgene Dimension der Wirklichkeit inne und wir sind keineswegs die Ersten, die diese Wege gehen. Die Geschichten und Schicksale unserer Vorgänger stecken in ihnen, aber auch ihre Gebete, Sehnsüchte und Klagen. Wenn man am Abend nach solchem Weg auf einer Bank ausruht, auf der schon viele Generationen von Menschen gesessen haben, dann ordnen sich mit der Zeit auch die Maßstäbe des Lebens.

Pilgern in Norwegen ist wie heimkehren zu sich selbst und zur großen Geschichte Gottes, zu der wir gehören. Es ist die Geschichte von Wüstenwanderungen und Berufungen, von zu viel Regen, schützender Haut, Hütten – und von Engeln, die plötzlich da sind und sagen: „Steh auf und iss, dein Weg ist weit." Und es ist die Geschichte von Menschen, die genau das richtige Wort anbieten können. Erleben der biblischen Wahrheit – das geht in Norwegen. Hier begegnen sich der einfache Mensch, Gott, die Schöpfung und alle wichtigen Themen, die noch unerledigt sind.

Wer sich auf diesen Pilgerweg einlässt, kann was erleben: meist etwas anderes als erwartet.

Bernd Lohse

*„Vor allem verliere nicht die Lust am Gehen.
Ich gehe mich zum täglichen Wohlbefinden
und gehe fort von jeder Krankheit.
Ich gehe mich zu meinen besten Gedanken
und kenne keinen Gedanken, so schwer er auch sein mag,
von dem man nicht weggehen könnte.
Wenn man auf diese Weise am Gehen bleibt,
so geht' s genug."*

Søren Kierkegaard

Die „Olavswege" – ein Wegenetz im Norden

Eine Vielzahl von Wegen führt/e die Pilger im Mittelalter nach Nidaros (Trondheims Name im Mittelalter), aber auch heute. Ein markiertes Wegenetz Richtung Trondheim gibt es in Dänemark, Schweden und Norwegen. In Deutschland fehlt es noch an markierten Wegen nach Norden, aber es ist nur eine Frage der Zeit, bis engagierte Menschen und Gemeinden am Weg sich der Aufgabe annehmen werden.

Die „Hauptrouten" von Deutschland her führen über Hamburg, Schleswig, Viborg, Fredrikshavn nach Oslo (Ochsenweg, Hærveien) und über Fehmarn, Malmö, Göteborg nach Oslo. Vom schwedischen Pilgerzentrum Vadstena gibt es einen markierten Weg in Erinnerung an die Pilgerreise der Heiligen Birgitta nach Nidaros. Dieser Weg (Romboleden) führt über Dalarna, Meråker nach Trondheim. Parallel dazu gibt es den etwas westlicheren Weg (Klarälvdalsleden) durchs norwegische Østerdal nach Trondheim. Von Norden her führen der „Nordvegen" und der schwedische „St. Olofsväg" (von Sundsvall) über Stiklestad nach Trondheim. Im Mittelalter sind die meisten Pilger aber auf dem Seeweg nach Nidaros gereist, und es ist auch modernen Pilgern möglich, per Schiff oder Boot anzureisen. Liegeplätze für Boote gibt es zentrumsnah an verschiedenen Marinas. Auch die „Hurtigrute“ legt in Trondheim an. Für diesen Pilgerführer haben wir uns entschieden, uns auf einen Weg, den „Gudbrandsdalsleden“, zu konzentrieren. Dieser Weg ist derzeit der am häufigsten begangene. Er bietet neben seiner Fülle an historischen und kulturell bemerkenswerten Orten auch die breiteste Infrastruktur. Der Weg von Hamar nach Nidaros kann ein wunderbarer Einstieg in das Pilgern im Norden sein.

Der Olavsweg – eine Geschichte des modernen Pilgerns in Norwegen

Am Anfang standen Menschen, die nach Pilgertraditionen in Norwegen gesucht haben und einfach losgegangen sind. So ist das Pilgern auch im Norden durch religiöse Menschen von der Basis wiederbelebt worden und nicht als gute Idee aus strategischen Missionspapieren der Kirchen oder aus ökonomischen Plänen der Tourismusverbände. Maßgeblich für die Wiederentdeckung der Olavswege ist der norwegische Jakobspilger Eivind Luthen. Aber auch Naturfreunde wie Kirchenleute sahen im Pilgern eine Art, schöpfungsnah zu leben und zu glauben. Der Rat für Ökophilosophie in Norwegen, ein Zusammenschluss von Naturfreunden, förderte die Pilgerbewegung von unten.

1997 weihte Kronprinz Håkon Magnus die erste Strecke des „Pilgrimsleden“ ein. Er selbst ist ein regelmäßiger Pilger und war auch 2010 nach Trondheim gegangen, als die Olavswege vom Europarat zur „europäischen Kulturstraße“ gekürt wurden. Das erste Stück der Olavswege wurde aber 1994 von der dänischen Kirche eingeweiht: der Hærveien zwischen Schleswig und Viborg. Mittlerweile gibt es eine Vielzahl von Olavswegen, die alle nach Trondheim und Stiklestad führen, aus Schweden, Dänemark und Norwegen. Das deutsche Wegstück von Bremen über Hamburg nach Fehmarn und Schleswig fehlt noch. Bischof Adam von Bremen hat es um 1300 beschrieben.

Detail aus dem Olavsaltar, Trondheim

Das Pilgern nach Nidaros war seit dem 12. Jh. üblich und Nidaros bekam den Beinamen „Jerusalem des Nordens".

Das moderne Pilgern in Norwegen knüpft an die alten keltischen Einflüsse im Christentum bei den Wikingern an. Die keltischen Wandermönche gründeten schon im 6. Jh. an der Küste Kirchen und Klöster (z.B. auf Selja). Die starke Naturverbundenheit in der keltischen Spiritualität war den Völkern des Nordens keineswegs fremd. So gehört auch in Norwegen der irische Reisesegen fest ins Liedgut:

„Möge die Straße dir entgegenkommen und der Wind in deinem Rücken sein. Möge die Sonne warm dein Gesicht bescheinen und der Regen sanft auf deine Mütze fallen. Und bis wir uns wiedersehen, halte Gott dich in seiner schützenden Hand."

Fenster der Marienkapelle, Nidaros-Dom

Die Menschen am Weg

Das Eine sind die grandiosen Landschaften Mittelnorwegens, die Täler, Wälder, Wiesen, Tiere und die vielen roten Gehöfte an den Hängen; das Andere sind die Menschen, die entlang des Olavswegs leben und arbeiten. Sie sind stolz auf den norwegischen Pilgerweg und freuen sich auf die Fremden (Peregrini), die so weit gereist sind, um in ihrem Land zu pilgern.

Die Menschen am Weg tragen sehr dazu bei, dass das Pilgern in Norwegen ein großes Erlebnis ist: Herzlichkeit, Gastfreundschaft, Stolz und Hilfsbereitschaft sind Merkmale, die viele der Gastgeber verbinden. Gern zeigen sie ihre traditionsreichen Höfe, laden zu Kaffee und Waffel ein, erzählen von der Geschichte des Hofs und führen vor, dass es doch traditionelle Kochkünste in Norwegen gibt.

Empört sagte mir eine Frau, die uns in einem Gemeindehaus mit norwegischen Spezialitäten begrüßte: „Sie sollen sehen, dass Norwegen mehr ist als Pizza und Kebap." Dann tischte sie auf: Lefser, Rømmegrøtt, Lachs, Hering, Käsebrötchen und Waffeln. Es gibt eine Bewegung, lokal produzierte Lebensmittel aus Norwegen gezielt als solche zu vermarkten. Unter dem Begriff „kortreist" (kurz gereist) sind sie zu erkennen.

In einer Reihe von Pilgerquartieren wird sehr gut gekocht, und die Gastgeber können irritiert sein, wenn man trotz ihres Angebots auf Selbstverpflegung besteht. Nicht allen Norwegern ist bewusst, dass die Preise in ihrem Land für viele Gäste eine echte Hürde darstellen. Hin und wieder sollten Pilger aber wagen, die Hürde zu überspringen, und sich ein traditionelles Abendessen (middag) – frisch von den Gastgebern zubereitet – gönnen. Auch das können ganz besondere Begegnungen sein.

Die norwegische Kultur ist stark geprägt vom bäuerlichen Leben und die Pilger kommen an zahlreichen gepflegten, intakten Höfen vorbei. Viele Norweger verdienen ihren Lebensunterhalt als Landwirte, die Gastgeberei ist mancherorts ein willkommenes Zusatzeinkommen. Die Gäste werden vor allem als Verbindung zur großen weiten Welt gesehen und man möchte ihnen gerne die Schönheit der heimischen Täler zeigen. Norweger sind in der Regel stolz auf Land und Kultur, aber dieser Stolz ist frei von chauvinistischer Dimension. Norweger sind einfach gerne Norweger, das macht sie so sympathisch.

Gehe langsam!
Mit jedem Schritt begegnet dir ein neuer Weg.

Übernachten in historischen Gebäuden, Hütten

„Bewahren durch Benutzen“ ist in Norwegen eine weit verbreitete Idee. Das Land ist reich an alten Gebäuden und es gibt eine große Sensibilität im Umgang mit Geschichte und Tradition. Zahlreiche Höfe, an denen die Pilger vorbeikommen, sind faktisch kleine Freilichtmuseen. In vielen dieser historischen Hofgebäude dürfen Pilger nächtigen. Das können die alten Wohnhäuser auf dem Hof sein, neben denen oft neue Wohnhäuser errichtet wurden, es können aber auch alte Speicher (Stabbur) sein oder „Sælehuse“ (Einraum-Blockhäuser), eine klassische Unterkunft für Reisende und Pilger entlang der Strecke nach Nidaros. Ein besonders eindrucksvolles Sælehus steht auf dem Hof Hæverstølen in der Rennebu-Kommune.

Auf dem Hof Sygvard Grytting in Sør-Fron im Gudbrandsdal können Pilger sogar in der ältesten noch erhaltenen Herberge übernachten, ein altes „Lofthus“ (Bodenhaus), in dem man heute originelle, hochmoderne Badezimmer findet, behutsam und unauffällig in die alte Architektur eingefügt. Modern und traditionell – diese Begriffe sind keineswegs ein Widerspruch in Norwegen, sondern stellen eine Kombination dar, die in vielen Bereichen des öffentlichen und kulturellen Lebens variiert wird. Ein Frühstück bei Hilde und Stig Grytting verbindet modernen Standard mit traditionellem Ambiente und ein Abendessen in einem der Gewölbe des Hofes versetzt die Gäste in eine andere Zeit, die jedoch nicht vergangen scheint. Dale Gudbrandsgård ist ebenfalls ein traditionsreicher Hof, auf dem Gäste Geschichte und Geschichten auf Schritt und Tritt erfahren können.

Traditionelle Almkost Rømmegrytt und Spekemat

Auf dem alten Königshof „Kongsvold“ im nördlichen Dovrefjell können Gäste Wohnkultur der vergangenen Jahrhunderte erleben und werden darin vorzüglich verwöhnt. Auch Kongsvold kann moderne Unterkünfte anbieten. Neben höchster Kochkunst auf Sterneniveau gibt es hier eine Cafeteria mit üblichem Angebot zu üblichen Preisen.

Auf dem Budsjord-Hof werden die Gäste mit traditioneller Almkost (Kartoffelsuppe und Flatbrød) im bäuerlich-historischen Ambiente verwöhnt. Liebevoll und dezent sind die modernen Installationen auch auf diesem Hof versteckt. Die Toiletten beherbergt ein niederes, kleines Stallgebäude mit Grasdach und einer Tür, durch die man gebückt eintritt. Museale Wohnräume des Hofes dienen als Schlafräume: eine Webstube (mit Webstuhl), ein Eheschlafzimmer, die Knechtsstube oder der Pferdestall.

John und Karon Wanvik vom Sundet-Hof in Tracht

Ein besonderes Kleinod ist das „Stabbur“ auf dem Hof Sundet oberhalb des Gaulå-Flusses. John und Karon Wanvik haben hier eine Puppenstube eingerichtet und mit Doppelbett-Alkoven im obersten Geschoss eine Reihe kuscheliger Schlafplätze geschaffen. Im traditionellen Ambiente bedienen die beiden ihre Gäste in Tracht (Bunad). John ist der Fährmann, der die Pilger über die Gaulå rudert. Dazu hat er sich ein typisches Holzruderboot nachbauen lassen, wie es in alten Zeiten benutzt worden ist.

Pilgern in Norwegen ist auch eine Reise in die vom bäuerlichen Leben geprägte norwegische Kultur. Es ist Begegnung mit einem schlichten, naturverbundenen Lebensstil.

Norwegen war bis vor 40 Jahren vor Portugal das zweitärmste Land Europas. Die Öl- und Gasförderung in der Nordsee seit 1971 hat dieses Blatt völlig gewendet, doch wird das „gute Alte" vielerorts geschätzt und Freilichtmuseen finden sich in zahlreichen Orten entlang des Olavsweges. Der Stolz der Norweger auf ihre Geschichte und Tradition ist ein angenehmer Wesenszug der Gastgeber, kann sich aber auch in schrulligem oder unbeholfenem Verhalten auswirken. Wenn ein Gastgeber beginnt, die „Hofgeschichte" zu erzählen, dann sollten Pilger auch nach einer langen Tagesetappe die Freundlichkeit aufbringen, sich diese anzuhören. Die Gastgeber sprechen in der Regel sehr gut Englisch, manche sogar Deutsch (nur das binden sie niemandem auf die Nase).

Bezahlen: Viele Herbergen wünschen das Bezahlen in bar. Gerade auf den Höfen gibt es keine Möglichkeit, mit Karte zu zahlen. Hotels, Pensionen, Campingplätze nehmen aber sowohl Bargeld als auch EC- und VISA-Karte. Euroscheine werden in der Regel nicht akzeptiert.

Ankommen dürfen ist eine Gnade.
Nur ein Ziel kann unserm Leben eine Richtung geben.
Auch wenn wir Umwege und Irrwege gehen.

26

Skulptur des Heiligen Olav, Nidaros-Dom

Olav der Heilige

Wer war dieser Olav, der erst durch Ereignisse, die nach seinem Tod (1030) geschahen, zum Heiligen wurde? Er war Wikinger, wurde wahrscheinlich 995 geboren, dem Jahr, in dem sein Onkel Olav Tryggvason König von Trondheim wurde. Olavs Vater Harald Grenske, ein dänischer Regionalkönig, war bei dessen Geburt bereits tot. Åsta heiratete einen norwegischen Regionalkönig in Ringerike, wo Olav aufwuchs. 1009-1011 nahm Olav an mehreren Wikingerzügen u.a. nach Canterbury und Santiago teil. Dieses waren Raubzüge, sie dienten der Schutzgelderpressung. 1013 schloss sich Olav als Söldner dem Heer von Normannenkönig Ethelred an. In diese Zeit fiel seine Taufe in Rouen.

Die Bedeutung des Heiligen Olav für die norwegische Pilgerspiritualität

Für Norwegens Geschichte ist Olav Haraldson bzw. „Olav der Heilige" (Norwegens ewiger König) von fundamentaler Bedeutung. Olav war der erste überregional denkende König. Er hatte eine Vision: Er solle Norwegen von den Dänen befreien, die Stämme sammeln, es als christliches Land einen und damit den Zerfall in unzählige Stämme und lokale Königreiche beenden. Diese Vision wurde Grundlage seines Lebenswerks.

Olav führte das neue, christlich geprägte Gesetz („Olavsretten") ein, das Frauen volles Erbrecht zugestand und Vergewaltigung unter Todesstrafe stellte. Frauen durften Häuptling werden und wurden wirtschaftlich unabhängig.

Aber starke Kräfte standen dem jungen König und der

Realisierung seines großen Ziels entgegen. Knut der Mächtige, der Dänemark regierte, schlug Olav zurück und trieb ihn in die Flucht. Olav floh durch Schweden bis nach Nowgorod in Russland. Hier suchte er Schutz beim Großfürsten Jaroslawl, der mit Olavs Jugendliebe Ingegjerd verheiratet war. In Nowgorod lernte Olav das orthodoxe Christentum mit seiner tiefen Spiritualität kennen.

Hier träumte Olav, dass er nach Norwegen zurückkehren solle, um erneut zu versuchen, das Land zu befreien und zu einen. Er landete in Sundsvall, sammelte auf dem Weg durch Schweden ein Heer um sich und am 29.7.1030 kam es zur Schlacht bei Stikklestad, in der Olav getötet wurde.

Nach seinem Tod begannen die Wunder und der Erste, der erklärte, dass Olav ein heiliger Mann sei, war der, der Olav getötet hatte: Tore Hund. Er selbst war schwer verletzt worden und Olavs Blut rann in seine Wunden. Schnell heilten sie und Tore Hund kam sich wie ein Verräter vor. Er kam über seine Tat nicht hinweg und unternahm eine Bußpilgerfahrt nach Jerusalem („Jorsalfar"). Über das weitere Schicksal von Tore Hund ist nichts bekannt.

In aller Heimlichkeit wurde Olav begraben in den Niederungen des Nidelv. Es wird erzählt, dass der Leichnam eine Weile später ausgegraben wurde und dass Nägel, Haar und Bart gewachsen seien. Das veranlasste das Volk zu meinen, ein Wunder sei geschehen, Olav sei wie Christus auferstanden. Ein Gott, der stärker ist als der Tod, überzeugte die Wikinger und sie bekehrten sich gewaltfrei zum Christentum. Olav bekam jetzt den Beinamen „der Heilige".

Mit der Zeit wuchs in den Nidelv-Niederungen eine Kathedrale gleich neben Olavs Ruhestätte und der Wunderquelle, die dort entsprungen war. Im Lauf des Mittelalters wallfahrteten Tausende nach Trondheim. Ständig wurde von

Wundern und Zaubern berichtet, die mit Olav in Verbindung gebracht wurden, und viele kamen in der Hoffnung auf Heilung.

Olav wurde ein beliebter Volksheld und Gegenstand der Saga-Dichtung. Die Kirche nutzte Olavs Popularität, um ihre Position im Norden zu stärken.

Die Reformatoren wollten mit der Olavstradition in Norwegen ein Ende machen und ließen das Pilgern nach Nidaros unter Androhung der Todesstrafe verbieten. Wunderglauben und Pilgerfahrten waren ihnen ein Greuel. Olav war in zwei heilige Schreine gelegt worden, aber die wurden jetzt nach Kopenhagen zum Einschmelzen gebracht. Es war gesagt worden, dass die Leiche, die im Reliquiensarg gefunden wurde, keinerlei Zeichen der Verwesung aufgewiesen hätte, sondern im Gegenteil wie ein lebendiger Mensch anzusehen war. Das führte dazu, dass die eher vernunftgesteuerten Reformatoren darüber spekulierten, dass die Leiche regelmäßig ausgewechselt worden sei im Lauf der Jahrhunderte. Der innere Sarg mit der Leiche Olavs aber sei zur letzten Ruhe unter dem Kirchenboden gebettet worden, und man schaffte es, ihn gut zu verstecken.

Bis heute weiß niemand genau, wo er begraben ist. Das kann damit zusammenhängen, dass die Reformatoren sich vergewissert haben, dass Olav unter vielen Schichten Erde begraben lag. Man wollte sicherstellen, dass „des Heiligen Grab gut verwahrt war“. Trotzdem mussten die Reformatoren konstatieren, dass Olav auf viele Arten lebendig geblieben war, auch nach seinem Tod. Die Menschen pilgerten weiterhin nach Nidaros und Olav wurde zum Nationalheiligen.

Auf diese Tradition griffen die Norweger besonders bei der Neugründung des unabhängigen Reiches 1905 zurück:

Starke nationale Symbole und eine eigenständige Kultur gaben der jungen Nation Identität.

Die Berichte über Olav sind mehr als nur eine Rittergeschichte; die Saga über ihn hat auch uns heute etwas zu sagen. Olav ist nicht nur ein Nationalheiliger, sondern er ist auch Mensch und in seinem Leben findet sich etwas, das auch Menschen mit unterschiedlichsten Erfahrungen und Lebensanschauungen inspirieren kann. Denn Olav reiste viel und so kam er in Kontakt mit verschiedenen Lebensweisen und Kulturen. In seiner Jugendzeit war er lange in England und der Normandie, bevor er weiter nach Süden zog nach, Gibraltar etwa. Rouen war wohl der Ort, an dem er bekehrt wurde. Aber nach all dem führte ihn sein Weg nach Osten, wo Olav die orthodoxe Kirche kennenlernte.

Olavs Bedeutung als Sammler hat auch damit zu tun, dass er in einer Zeit lebte, in der die Kirche noch nicht getrennt war in Ost und West. Es war noch vor dem Schisma von 1057.

Olav war einerseits ein weltlicher Herrscher, ein ungestümer Wikinger auf Raubzug, und andererseits offenbar auch ein spirituell höchst sensibler Mensch. Er wird auf vielen Darstellungen mit seinem Dämon dargestellt: der anderen Seiten der Persönlichkeit, eine kluge Verknüpfung der vielen Seiten dieses Menschen.

In der Hansezeit verehrten besonders Kaufleute und Seefahrer den mutigen, weit gereisten König. In ihm sahen sie eine ideale Verbindung von weltlicher Führungsstärke und geistlicher Fundierung. In St. Marien in Lübeck gibt es eine Olavs-Statue, in der Wunderblutkirche in Wilsnack und in Breklum steht eine St. Olavskirche mit einer Darstellung des Königs.

Erzählung zur Heiligung Olavs

In Stikklestad traf Olav auf ein Bauernheer, das viel mehr Krieger zählte als sein eigenes. Die waren aus dem ganzen Land gekommen, aus vielerlei Motiven. Im Vergleich dazu waren Olavs Männer wenige.

Häuptling Tore Hund hieb sich den Weg frei auf Olav zu und die beiden kämpften lange. Olav sah, dass sein Schwert nicht an Tores Rentierumhang kam, der von finnischen Zauberern genäht worden war. Das Schwert wich bei jedem Schlag nur zurück, als wäre es völlig kraftlos. Olav ließ das Schwert fahren und stürzte sich ins Gebet. Jetzt nahm Tore sein eigenes Schwert, stach es in Olavs Unterleib und traf ihn auch noch am Hals. Olav fiel tot um.

Viele Krieger kehrten später zum Schlachtfeld zurück, um nach toten und verwundeten Freunden und Verwandten zu suchen. Es war Tore Hund, der Olavs Leichnam fand. Der Tote lag da mit roten Wangen und ein großer Friede lag auf ihm, so als schliefe er. Sein Gesicht war heller und schöner denn je. Tore hatte trotz des Schutzmantels einen tiefen Schlag in eine Hand bekommen. Als Olavs Blut in diese Wunde lief, begann sie zu heilen. So wurde der Mann, der Olav den Todesstoß gab, der erste Zeuge der Heiligkeit Olavs. Wie Maria Magdalena lief er los und erzählte eifrig von dem wunderbaren Ereignis. Er war verzweifelt über das, was er getan hatte, und beschloss, nach Jerusalem zu pilgern. Das ist das Letzte, was wir von Tore Hund wissen.

In der Nacht nach der Schlacht bringt der Bauer auf Stikklestad den Leichnam in Sicherheit. Er versteckt ihn in einem Schuppen, sodass niemand wissen kann, wo er sich befindet. Ein Mann kommt des Weges, als es noch dunkel ist, und sucht Windschutz in dem Schuppen. Er tastet umher, fällt in den Schmutz auf dem Boden und berührt Olavs Gesicht. Einige Blutstropfen von Olav kommen mit seinen Augen in Berührung und plötzlich kann der Mann sehen.

Olav wurde später von engen Freunden geholt, die ihn am Ufer des Nidelv begruben. Aber danach wurde der Leichnam umgebettet in die St.-Clemens-Kirche. Die Wangen waren immer noch frisch und rot wie bei einem Schlafenden und es sah aus, als seien Haare und Nägel gewachsen.

Vielen Überlieferungen zufolge fing der Leichnam weiterhin nicht an zu verwesen. Selbst wenn er tief unter dem Boden des Nidaros-Doms vergraben wurde, sodass Pilger ihn nicht mehr hervorholen konnten, starb das Olavserbe nicht aus. Anhaltend suchen viele Menschen nach dem Sinn der Olavs-Überlieferung. Die Sehnsucht, herauszufinden, was es auch heute damit auf sich hat, bleibt lebendig.

Die sieben Schlüsselworte

Männlicher Spiritualität auf der Spur

Aus dem schwedischen Pilgerzentrum in Vadstena stammen die sieben Pilger-Begriffe, die weit verbreitet sind und der spirituellen Praxis der Heiligen Birgitta entlehnt wurden: Langsamkeit, Freiheit, Einfachheit, Schweigen, Unbekümmertheit, Gemeinschaft und Glauben. Sie bilden für viele Pilger das Fundament einer Pilgerspiritualität.*

Vom Pilgerzentrum in Trondheim ausgehend wurden im Jahr 2009 diesen eher weiblich anmutenden Worten der Birgitta sieben „männliche" Olavsworte kontrastierend zugesellt, als Ergänzung. Diese Worte stellen wir hier vor und orientieren uns am Material des Nidaros Pilgerhofes von 2009.** Wir bieten jeweils Texte zu beiden Begriffen.

Nidaros 7 Olavsschlüsselworte für Pilger	**Vadstena 7 Pilgerschlüsselworte nach Birgitta**
Kraftfülle	Langsamkeit
Entschlossenheit	Freiheit
Lebensmut	Einfachheit
Dienst	Sorglosigkeit
Hellhörigkeit	Stille
Versöhnung	Gemeinschaft
Heiligung	Geistlichkeit

* In dem geistlichen Begleiter „Auf und Werde", Kiel 2009, werden die sieben Worte eingehend entfaltet.

** Berit Schelde-Christensen / Elisabeth Knox-Seith, I Olavs fotspor, Nidaros Pilegrimsgård 2009

Kraftfülle

Das Rentier, das seinem inneren Kompass folgt und durch Sturm und Unwetter geht, um zur Sommerweide zu kommen.

Bei Kraftfülle geht es darum, sich auf ein Ziel hin vorwärts zu bewegen. Während ich gehe, tritt das Ziel immer deutlicher hervor. Da sind Stärke und Ausdauer in der Bewegung gefragt und der Mut, voranzugehen, auch wenn es Kampf bedeutet. Es bedarf einer Achtsamkeit, um innere und äußere Widerstände wahrzunehmen und sie zu überwinden. Nichts hält auf, weder Wind noch Regen, Hochwasser oder andere Widrigkeiten. Es gibt kein Hindernis, das so groß ist, dass es nicht überwunden werden kann.

Von seiner frühen Jugend an war Olav durch eine große Kraft geprägt. Bevor er durch seine tiefere Bekehrung hindurchging, hatte die Kraft weder klare Richtung noch Ziel. Als junger Wikinger war seine Kraft ungezähmt und von den Idealen geprägt, die für jeden Wikinger wichtig waren: der eigene Gewinn und Reichtum. Die Nordmänner waren nicht nur Abenteurer und Räuber, sondern auch professionelle Krieger oder Söldner, die ihre Dienste jedem anboten, der Bedarf hatte. Bis zu seiner Konversion in der Normandie hatten Olavs Unternehmungen hatte keine klare Richtung. Seine Kraftfülle richtete großen Schaden an.

Langsamkeit

Das Wasser kann durch eine Stelle in der Mauer hindurchrinnen und hineintropfen. Genau dort.

Bereitwillig und demütig – trotzdem voller Kraft. Die Langsamkeit handelt davon, bereit zu sein, flexibel zu werden, die Dinge nehmen, wie sie kommen, und anderen Raum geben. Die Langsamkeit gibt Zeit, das Leben um sich herum zu entdecken und Zeit zum Nachdenken zu bekommen.

Ein guter Wechsel zwischen der schnellen und der langsamen Bewegung kann die Stärke geben, die man braucht, um ein Ziel zu erreichen. In der Langsamkeit kann der Pilger die Richtung seiner Reise reflektieren und darüber, was deren eigentliches Ziel ist.

Entschlossenheit

Gut zielen, um den Pfeil auszusenden und ganz sicher zu sein, dass er sein Ziel trifft.

Entschlossenheit ist innere Kraft, die hilft, entschieden zu handeln. Kontakt zur eigenen Intuition und Tatkraft sind Vorausetzung. Das ist der Kern von Leadership, von Respekt und Autorität – sowohl in der Selbstleitung wie in der Führung anderer. Bei Entschlossenheit geht es um die Kunst, die innere Richtung im Leben zu finden und die Zusammenhänge wahrzunehmen, die aus den vielen Farben und Facetten des Lebens gewoben wurde. Das erfordert klaren Willen, Fokussierung, Überblick und Disziplin, sodass man einen ständig stabileren Halt auf der Lebenswanderung bekommt.

Freiheit

Die freien Vögel, die nach ihrem inneren Kompass fliegen, die sich auf die Reise machen und sehen, wohin der Wind sie trägt.

Sowohl Körper wie auch Sinne sind offen für das Neue, für Veränderung. Bei der Freiheit geht es darum, die Möglichkeiten zuzulassen. So entsteht Raum für neue Impulse und Gedanken, ob sich neue Wege öffnen können, die anders sind als die, die man geplant oder erwartet hat. Durch eine solche Offenheit kann aus dem eigenen Inneren heraus eine wahrhaftigere Wahl des Weges wachsen. Frei zu sein wie ein Vogel – froh und ungebunden, neue Luft und ausreichend Platz zu bekommen –, das ist der Flügelschlag der Freude. Aber auch eine Belastung wie eine ewige Prüfung, ob die Freiheit auch die um einen herum mitnimmt, die Berechenbarkeit brauchen, etwas, auf das man bauen kann.

Freiheit zu suchen ist auch Leben in einer Spannung. Man wird hin und hergerissen von der Gebundenheit an die Gemeinschaft und der Sehnsucht nach Ungebundenheit. Vielleicht findet man schließlich die Freiheit und einen Weg, auf dem die Gegensätze aufgehoben sind.

Lebensmut

Den Weg über festen Felsgrund einschlagen und deshalb ständig aufs Neue den nächsten Schritt wagen.

Die radikale Umkehr im Leben – in Gottes Gegenwart zu treten und seinen Weg zu wählen – schafft den fruchtbaren Boden für Lebensmut. Es geht darum, sich wagemutig für das Leben zu entscheiden. Dies meint eine tiefe Umkehr und den Entschluss, der jeden Tag aufs Neue gefasst werden muss.

Was muss geschehen, damit Lebensmut wachsen kann? Was fördert gute Wachstumsbedingungen und kann mich und gleichzeitig andere froh machen? Es kann notwendig werden, sich gegen das Alte, Eingeübte zu entscheiden, das Bild zu verlassen, das man von sich selbst und der Welt hatte. So wird Raum geschaffen für Neues und unbekannte Lebensenergien. Der Glaube an Christus als wohlwollenden Begleiter kann Kraft für die Lebenswanderung geben. Christus ist verlässlich.

Olav ist dem Ruf Christi gefolgt. Im Vertrauen hat er Christus Raum in seinem Herzen bereitet. So erfüllte ein ganz neues, anderes Leben ihn. Er hat gegrübelt über die vielen Götter des altnordischen Glaubens (Norrön), und die christlichen Missionare erzählten von einem ewigen, allwissenden und allmächtigen Gott, ein Gott, der Menschen liebt, ihnen hilft und nicht umgekehrt. Durch den Glauben an Christus bekam Olav die Kraft, dem Ruf zu folgen, der ihn ereilt hatte. Diesem Ruf zu folgen kann aber auch als schwierig, verwirrend und chaotisch erlebt werden.

Einfachheit

Pilger, die sehen, dass es gar nicht nötig ist, mehr mitzunehmen als das Allernotwendigste, und die trotzdem denken können: „Ich habe gar nicht genug trockene Kleidung!"

In der Einfachheit sucht man dem Einzigen, das etwas im Leben bedeutet, und versucht alles andere wegzulassen. Konzentration auf Wesentliches – vielleicht ist gerade das der Weg der Askese.

Dienst

Nicht den leichtesten Pfad oder den breitesten Weg nehmen, wenn diese Wanderung nicht zum wahren Ziel führt.

Dienst ist Hingabe. Es geht darum, seine eigenen Wünsche loszulassen, wenn sie dem Größten und Wichtigsten im Leben im Weg stehen. Dass der Weg unter den Füßen nicht auf Sand ruht, sondern auf festem Grund, und dass das Leben im wahrsten Sinne verwurzelt ist, kann diesen Weg leichter machen. Gleichzeitig ist der Weg des Dienstes auch der Weg des Kampfes. Die vielen Geschehnisse, Gefühle und Bedürfnisse des Lebens können es schwer machen zu dienen. Anfechtung und Zweifel stehen im Weg und können es schwer machen, die Lebensaufgabe zu erfüllen. Dieser Kampf ist Teil der Wanderung. Die Spannung zwischen dem großen Ziel des liebevollen Daseins fürs andere und den eigenen Wünschen lässt nicht nach.

Zweifel sind nicht nur schlecht. Sie sind notwendig, denn sie können auch wichtige Botschaften enthalten und den Menschen auf den richtigen Weg zurückbringen, wenn er sich verrannt hat oder starr geworden ist. Sie können auch vor Abwegen warnen.

Sorglosigkeit

Den wahren Weg gehen. Darauf vertrauen, dass das Leben auf einem tieferen Fundament ruht, das nicht verrückt werden kann, weder von Krisen noch von Widerständen.

Die Fähigkeit, dem Leben in sich selbst zu trauen, ist die Quelle des Lebensmutes. Es geht darum, in allem, was geschieht, anwesend zu sein. Es ist weder Gleichgültigkeit noch bequemes Leben, sondern im Gegenteil Handlungsfähigkeit. Das schafft Mut, durch Schwierigkeiten zu gehen, auch wenn die Vernunft rät, sie zu umgehen. So wächst eine gute Hellhörigkeit, sodass Mut nicht zu Übermut wird.

Hellhörigkeit (Achtsamkeit)

Sich Gott entgegen strecken, um seiner Stimme zu lauschen.

Hellhörigkeit meint Achtsamkeit: lauschen, hinhören auf sein Inneres. In der Hellhörigkeit lässt man in sich die Weisheit der Gegenwart Gottes entfalten. Der Mensch wird fähig, Gottes wegweisender Kraft zu folgen, sodass der eigentliche Sinn des Lebens ständig klarer hervortritt. Es geht nicht nur ums Lauschen, sondern auch darum, seinen eigenen Idealen treu zu bleiben.

Der Heilige Olav ließ seine Autorität und Leitungsstärke ruhen in der Hellhörigkeit auf Gott. Was könnte Gott jetzt von mir wollen? Hier hatten seine Handlungskraft und sein strategischer Sinn ihre Quelle. Es wird erzählt, dass er sich vor einer entscheidenden Schlacht ins Gebet vertiefte.

Kurz vor seinem Tod, als er auf Reise durch Norwegen war, hatte Olav einen Traum. Alle Berge des Landes, das ganze Meer und alles Land zeigten sich ihm. Der Horizont schimmerte und Landschaften der ganzen Welt entfalteten sich vor seinen Augen. Können Träume uns Botschaften überliefern oder uns helfen, die Dinge zu verstehen? Bilder, Visionen können uns zeigen, wo der Weg lang geht.

Stille

Kein Laut ist zu hören, das öffnet für etwas Neues – dem sanften Säuseln Gottes im Herzen zu lauschen.

Stille erzeugt Frieden. So können Menschen hinhören und achtsam werden. Stille ist die Basis für ein Gebet. Menschen lauschen auf Gott, um zu hören, was er sagt, und herauszufinden, was Gott mit dem Leben will. Dieser Weg entsteht, wenn Menschen zu ihrem stillen Raum finden.

Versöhnung

Die beeindruckende Mischung der Gewächse im Garten, die alle wachsen und es gut haben, weil für guten Mutterboden, für reichlich Luft und Platz für alle gesorgt wurde.

Einheit und Gemeinschaft zu schaffen ist eine wichtige Herausforderung. Es geht darum, die richtige, aber schwierige Balance zwischen Verantwortung und Freiheit zu finden. Einerseits muss man Regeln und Rahmen einführen, die Menschen sammeln und ein gemeinsames Ziel geben, andererseits soll der gemeinsame Rahmen allen Menschen und Gruppen Raum zum Atmen und Wachsen geben. Niemand soll unterdrückt werden und die Freiheit verlieren. Jede und jeder soll die Möglichkeiten haben, seine eigenen Stärken kennenzulernen und Fähigkeiten zu entfalten.

Wenn einer versucht, das Zusammenwirken, das Gemeinsame zu stärken, erzeugt das oft Konflikte. Menschen, die in der Lage sind, Vielfalt zu schätzen und doch Einheit zu schaffen und immer Wege zur Versöhnung zu suchen, werden gebraucht, ob in der Familie, im Geschäftsleben, in Vereinen oder in einem Land oder sogar zwischen Nationen.

Olvas Vision war nicht gerade klein: Er wollte Norwegen sammeln. Im christlichen Glauben sah er den geeigneten Weg zu diesem Ziel. Deshalb versucht er, ein neues Recht, das Christenrecht (Olavsretten, s.u.), einzuführen. Das war ein Bruch mit früheren Regeln und Gewohnheiten. Das neue Christenrecht begann so: „Das Erste in unserem Gesetz ist, dass wir uns nach Osten verneigen und zum Weisen Christus um ein gutes Jahr und Frieden beten, dass wir unser Land, unser Dorf und unseren Hof heil halten. Er sei unser Freund und wir die Seinen, und Gott sei Freund über uns allen."

In dem neuen Recht wurde u.a. verboten, neugeborene Kinder in Wald und Feldmark auszusetzen. Leibeigene sollten freigekauft werden. Vielweiberei wurde verboten und Vergewaltigung mit dem Tode bestraft. Frauen durften erben und Häuptling werden. Es sollten Kirchen in jedem Bezirk (Fylke) gebaut und Neugeborene getauft werden. Verstorbene sollten in heiliger Erde begraben werden und nicht in Hügeln oder Steinhaufen wie in heidnischer Zeit.

Das neue Gesetz einzuführen rief Widerstand hervor und Olav schaffte sich viele Feinde, nicht zuletzt, weil er die Gleichheit aller vor dem Gesetz einführte, der großen Leute wie der kleinen Bauern.

Olav schaffte es nicht, in seiner Lebenszeit Norwegen zu einen. Erst durch seinen Tod erreichte er es, das Land zu einem Reich zu vereinen. Erst durch seine schwerste Niederlage begann die Einheit unter den streitenden Kräften im Land zu wachsen. Der Preis der Versöhnung war groß, aber aus dieser Niederlage heraus konnte etwas Bleibendes entstehen.

Gemeinschaft

Der Pilger, der alleine wandert, aber spürt, wie sehr er es braucht, andere zu treffen, und der einige Gefährten findet, bis die Wege sich wieder trennen.

Selbst wenn nicht jeder durch ähnliche Herausforderungen wie Olav gehen muss, wissen wir doch, wie wohl es tut, anderen auf dem Weg zu begegnen. Auch wir wollen zu einem großen Ganzen gehören. Es tut gut, mehr als nur Worte zu wechseln, anderen Gutes zu tun und Teil einer großen Pilgergemeinschaft zu sein. Die Begegnung mit anderen klingt in den eigenen Erfahrungen nach, weitet und kann heilsam sein für die Seele. Wir entdecken aber auch Unterschiede zwischen uns und anderen. Begegnungen bereichern.

Heiligung

Der Regenbogen, der sich so am Himmel zeigt, dass die Farben im Licht sichtbar werden.

Auf dem Lebensweg entdecken wir, welche besonderen Fähigkeiten in uns schlummern, und wir erleben, wie durch uns Gutes geschehen kann. Was inspiriert einen Menschen dazu, Stärken, Liebe und Versöhnung fließen zu lassen? In welchen Situationen kann das Heilige durch einen Menschen hindurch wirksam werden? Auch durch mich?

Als Olav in der Schlacht bei Stikklestad verwundet wurde, sah er ein, dass er nicht genug Kräfte hatte, seine Widersacher zu besiegen. Der Legende nach warf er sein Schwert fort und betete zu Gott. Während des Gebets bekam er den Todesstreich und starb. Erst später bemerkte man eine Kraft, die Olav zu folgen schien.

Viele meinten, wundersame Heilungen geschähen in der Nähe seines Leichnams. Es heißt, die Wunder hielten viele Jahrhunderte an.

Während seines Lebens entstand ein immer wahrhaftigeres und deutlicheres Bild von ihm selbst, wer er eigentlich war. Seine Kraftfülle wurde bereichert und vertieft durch Verwundbarkeit und Offenheit, die auch in ihm wohnten. Seine Handlungskraft und Entschlossenheit reiften, je mehr Demut und Nachdenklichkeit Raum gewannen.

Durch seinen Tod konnte Olav Christi Kreuz und Liebe vermitteln. So geschah eine Verwandlung und Heiligung. Olav durfte sich selbst Christus hingeben und daraus wuchs eine Kraft, die neues Leben schuf, Mut und Linderung für viele. Olav hatte sich für Gottes Willen geöffnet und ließ die Liebe Christi durch sich handeln.

Geistlichkeit/Spiritualität

Nur du selbst kannst deine Fußabdrücke hinterlassen.

Pilgerwege zu gehen bedeutet, den Ruf zu hören, der einem selber gilt, den eigenen, einzigartigen Fußabdruck zu finden, während man Hand in Hand mit Gott geht. Egal, wie viele Vorbilder wir finden können, nur wir selbst können den eigenen Weg gehen. Olav hätte ja einen einfacheren Weg wählen können, doch stattdessen wählte er seinen eigenen. Auch wir müssen unseren einzigartigen Weg finden, selbst wenn der völlig anders ist als alles, was wir jemals gehört haben.

44

Pause

„Wer Ohren hat zu hören, der höre!“
Jesus sagte das, weil er wohl erlebt hatte,
wie verschlossen die Sinne vieler Menschen
für das Heilige waren. Das ist heute nicht anders.
Beim Pilgern kommen Menschen mit Leib, Seele und allen Sinnen in Bewegung. Da wird der Mensch von außen nach innen neu. So wird ihm die Natur zum Gleichnis: Wind und Wetter, Landschaft und Farben, Licht, Gerüche und Stimmungen lösen in ihm eine Vielfalt an Erfahrungen aus und sensibilisieren ihn auch für das Heilige. Die Natur wird zum Gleichnis der Begegnung des Irdischen und des Himmlischen, der Weg zum Gleichnis des Lebenswegs.

Praktische Hinweise und Tipps

Pilgerpass – Für das Pilgern in Norwegen wurde vom Nationalen Pilgerzentrum in Trondheim ein eigener Pass entwickelt, ein Folder mit Stempelfeldern. Er kann beim Nationalen Pilgerzentrum, Munkegt. 2, N-7013 Trondheim (post @pilegrimsleden.no) und im Pilgerzentrum St. Jacobi in Hamburg (pilgern@jacobus.de) gegen eine Spende bestellt werden. In Norwegen kostet er 10 Euro und ist auch in den regionalen Pilgerzentren (vgl. letzte Seite) erhältlich.

Pilgerstempel – sind eine schöne Erinnerung an die besuchten Orte und Herbergen. Die meisten Pilgerherbergen haben einen individuell gestalteten Stempel, auch in vielen Kirchen können Pilger eine sichtbare Erinnerung in ihren Pass bekommen. Das norwegische Wort dafür ist leicht zu merken: „Pilegrimsstempel“. Bei Anreise per Fähre bekommen Sie sicher auf Nachfrage einen Bordstempel.

Urkunde „Olavsbrevet" – Wie in Santiago de Compostela können sich Pilger auch in Trondheim ihre Pilgerreise beurkunden lassen. Den „Olvasbrevet" (Olavsbrief) gibt es bei der Pilgerpastorin im Nidaros-Pilgerhof (Pilegrimsgården). Als Voraussetzung für den Erwerb des Olavsbriefes müssen Pilger die letzten 100 km zurückgelegt haben und dies mit Stempeln dokumentieren. Für den Gudbrandsdalsleden ist dies die Strecke von Oppdal (150 km) bzw. von der Rennebu-Kirche (100 km) aus.

Erinnerungspin – Der Shop am Nidarosdom bietet viele Mitbringsel und Erinnerungsstücke an, u.a. die Wegmarke des Olavswegs als Ansteckpin oder Aufnäher, auch T-Shirts und Mützen mit dem Wegsymbol sowie Literatur zu Weg und Domkirche (vgl. Literaturverzeichnis).

Der Weg – ist mal schmaler Gebirgspfad, mal Trampelpfad in Wiesen oder Hochmooren, mal breiter Fußweg in Wald und Feld, weite Strecken kleinere Straßen, die oft nicht asphaltiert sind. Geht man auf Straßen, sollte man links gehen, um den entgegenkommenden Verkehr besser zu sehen und gesehen zu werden. Warnwesten oder farbige Kleidung erhöhen die Sicherheit.

Die Wegmarkierung

Wegmarkierungen Der Weg ist mit dem Kreuz des Nidaros-Doms in Verbindung mit dem Vierpassknoten (Symbol für Sehenswürdigkeiten) markiert. Dieses ist entweder auf Steinplatten gemalt, als gusseiserne Platte auf Pfählen zu finden, aber meistens als Plastikplakette auf diversen Untergründen. Hin und wieder ist der Weg auch mit blauen Hinweisschildern und der Aufschrift „pilgrimsleden“ oder „pilegrimleia“ ausgezeichnet.

Einkauf – Beim Pilgern in Norwegen ist es wichtig, die Einkaufsmöglichkeiten im Blick zu behalten. Supermärkte sind nicht auf jeder Tagesetappe erreichbar. Bäckereien sind äußerst selten und kommen nur in größeren Orten vor. Brot kauft man im Supermarkt. Die Norweger backen es in der Regel zu Hause selbst. Viele Tankstellen haben einen kleinen Supermarkt mit dem nötigsten Angebot.

Tütensuppen – sind in Norwegen sehr gut und eine günstige Mahlzeit. Da viele Norweger sich oft und gerne im Gebirge oder auf dem Wasser aufhalten, gibt es ein umfangreiches Angebot an Lebensmitteln für unterwegs. Es gibt auch Waffel- und Pfannkuchenteig in Tüten (nur Wasser zusetzen), Marmelade in Drückflaschen, Nussnugatcreme in Tuben, Käsescheiben tourgerecht verpackt, Fisch in Tuben und Butter in kleinen Paketen für unterwegs.

Brunost – ist brauner karamellisierter Käse, meist eine Mischung aus Kuh- und Ziegenmilch (Gudbrandsdalost), der auf keinem Frühstücksbuffet in Norwegen fehlt. Er ist süß und schmeckt völlig anders, als man vermutet. Besonders lecker ist er, wenn er von Marmelade (syltetøy) gekrönt wird. „Ekte gjeitost“ ist dunkelbraun und besteht aus reiner Ziegenmilch. Der geschmackliche Totalangriff auf alles, was man „lecker“ nennen könnte, ist der „Gammelost“ (alter Käse), der vergraben wird, um richtig zu altern. Er schmeckt sehr streng und es braucht schon etwas Heldenmut, ihn zu kosten. Apropos Kosten: „Gammelost“ ist sehr teuer.

Niste – ist das norwegische Wort für „Fresspaket/Jause". In der Regel kann man sich überall, wo es Frühstück gibt, ein „Nistepakke" zusammenstellen. Aber Achtung! Man muss es extra bezahlen. Kaffee oder heißes Wasser für die Thermosflasche kostet meistens auch extra. Fragen Sie besser, ob Niste und Heißwasser zusätzlich kosten. Das erspart Gast und Gastgeber unangenehme Gefühle.

Påfyll – ist eine gute skandinavische Tradition und bedeutet „nachfüllen". Man bezahlt für den ersten Kaffee oder Tee den vollen Preis, der zweite ist meistens günstiger. Das heißt dann „påfyll".

Banken – In Norwegen kann man fast überall mit EC- oder VISA-Karte einkaufen. Geldautomaten heißen „Minibank" oder „Kontant" (Bargeld) und kommen auch an vielen Tankstellen, manchen Supermärkten und größeren Kiosken vor. Bargeld kann man jedoch nur in Banken, auf Flugplätzen und größeren Bahnhöfen wechseln. Bei den Unterkünften bezahlt man in der Regel bar mit norwegischen Kronen oder, wo möglich, mit Karte.

Geld – Die kleinste Münze der norwegischen Krone (NOK) ist das 50-Øre-Stück. Krumme Beträge (speziell in Supermärkten) werden auf- bzw. abgerundet. Die gebräuchlichsten Geldscheine gibt es in der Stückelung: 50/100/200/500 und 1000 NOK. Münzen: 0,50/1/2/5 und 10 NOK.

Zelt – In ganz Norwegen ist das Zelten in der Natur erlaubt. Es wird erwartet, dass kein Müll liegen bleibt und rücksichtsvoll mit der Natur umgegangen wird. Feuermachen ist verboten. Auf Bauernhöfen ist Zelten nur nach ausdrücklicher Absprache mit dem Hofbesitzer möglich.

Hütten – sind die beste Möglichkeit, relativ kostengünstig durchs Land zu reisen. Meist werden 4-Personen-Hütten angeboten. Wenn man sich den Hüttenpreis (ca. 100 € pro

Nacht) teilt, hat man ein passables Quartier. Die Hütten sind in der Regel mit Dusche/WC, Küchenzeile und Fernseher ausgestattet. Günstiger wird es, wenn man zu fünft oder sechs eine Hütte nimmt, was oft möglich ist, denn es gibt zumeist mindestens einen zusätzlichen Schlafplatz. Unterkünfte werden im Sommer oft auch in Privathäusern angeboten („Rom til leie" oder „Overnatting").

Segen – tut gut. Pilger haben die Gastgeber sowie Haus und Hof gesegnet, wo sie aufgenommen wurden. Dieser gute Brauch sollte wieder aufleben. Wenn Sie es sich zutrauen, können Sie Ihren Gastgebern mit einem Segen richtig Gutes tun. Und was sagt man? Zum Beispiel: „Gott segne dich, Gott segne Haus und Hof, alle, die hier wohnen, und alle, die hier aus- und eingehen! Amen." Oder: „Gott schütze dieses Haus! Gottes Segen ruhe auf allen, die hier leben! Amen." Und nach dem Segen noch ein Kreuz geschlagen. Auf Norwegisch hört sich das so an: „Gud velsigne deg, Gud velsigne huset og gården og alle, som bor og arbeider her, og alle, som kommer in og gå herfra. Amen."

Typisch norwegische Frucht: Multe – die Beere ist reif, wenn sie gelb ist.

Kerzenmeer in der Olavsnacht, Nidaros-Dom

Sprache – ist kein Hindernis. Die meisten Norweger sprechen gut Englisch, manche auch Deutsch. Norwegisch lesen dürfte gerade Deutsch Sprechenden leichtfallen, denn viele Worte kommen vertraut vor. Plattdeutschkenntnisse helfen sehr. Es gibt drei zusätzliche Vokale: „å" (wie oooohhh), „æ" (wie ä) und „ø" (wie ö). Die Kombination von „sj" wird wie „sch" gesprochen, das „O" meistens wie ein „U".

Eintritt in den Dom – Für Besucher ist der Kauf einer Eintrittsmarke für den Dom erforderlich. Pilger bekommen eine entsprechende Marke kostenlos im Pilgerhof und können damit jederzeit und beliebig oft zu den Öffnungszeiten den Dom betreten.

Pilgerandacht – Täglich gibt es ein Mittagsgebet um 12:15 Uhr im Nidaros-Dom.

Olvasfest – Das Olavsfest (Olsok) ist das größte geistliche Fest des Nordens und das größte Volksfest dazu. Am 29. Juli ist der Todestag des Heiligen Olav. An diesem Tag wird im Nidaros-Dom ein prächtiger Gottesdienst (Olavsmesse) gefeiert und im nebenan gelegenen Erzbischofshof ein historischer Markt veranstaltet. Ein ganz besonderes Erlebnis ist die „Olavsvaka" am Vorabend des Olavsfestes (28.7.). Von vielen Gemeinden Trondheims ziehen Pilger sternförmig durch die Stadt zur Marienkirche („Varfrue-Kirke") im Zentrum. Von dort gehen sie als gemeinsamer Pilgerzug am Pilgerhof und der Olavsquelle vorbei hinauf zum Domplatz. Durch ein Fackelspalier ziehen Pilger und Gottesdienstbesucher in den Dom und feiern dort einen feierlich-meditativen Gottesdienst. In der Olavsnacht bleibt die Domkirche bis zum nächsten Morgen geöffnet und in jeder der mehr als 25 Kapellen gibt es geistliche Angebote von Musik über Gebet, Meditation, Tanz bis zur stillen Andacht. Ein sehr eindrucksvolles Erlebnis!

Spiritueller Rahmen für den Pilgertag

Morgengebet

Schöpfer des Lichts,
Sonne meines Lebens.
Ich danke dir für diesen neuen Tag.
Hilf mir, deinen Willen zu erkennen,
mit offenen Augen zu sehen,
was du mir zeigen willst,
und zu tun, was gut ist.
Gib mir Kraft
für die Herausforderungen auf dem Weg.
Gib mir Mut
für die Schritte, die ich fürchte.
Gib mir Liebe
für die Geschöpfe, denen ich begegne.
Wenn du willst,
dann lass mich spüren,
wie nahe du mir bist.
Hier bin ich, Gott.
Amen.

Mittagsgebet

Ich halte an mitten am Tag
und unterbreche mein Gehen.
Pause.
Ich unterbreche Sorgen und Mühe,
Gedanken und mich selbst
und wende mich dir zu, unserem Schöpfer.

Ich nehme wahr:
das Essen, Getränk, meinen Pausenplatz,
die Landschaft um mich herum,
den Himmel über mir
und alle, die mit mir sind.
Gott,
hab Dank für die Unterbrechung
und alles, was wir nötig haben
und aus deiner Hand empfangen.
Schenk uns, dass wir es genießen können.
Amen.

Abendgebet

Für diesen Tag, Gott, danke ich dir.
Für alles, was ich riechen und sehen konnte,
für frisches Wasser und alle Nahrung.
Für Ausblicke, Erkenntnisse und alles Staunen,
auch für Gespräche und Schweigen
und für den Mut an schwierigen Stellen.
Nun überlasse ich mich dir,
meine Gedanken und Gefühle,
Schmerzen, Müdigkeit und Freude.
Nimm auch das Ungeklärte, Zweifel,
Fragen, Ängste und Irritationen in deine Obhut.
Schenk mir und allen Ruhe und Gelassenheit,
den Frieden der Nacht,
heilsame Träume.
Deine Engel mögen uns alle behüten.
Amen.

Kleines Wörterbuch

å	Aue, Fluss
bekk	Bach
elv	Fluss
eng	Wiese
fjell	Berg, Gebirge
foss	Wasserfall
frokost	Frühstück
gård	Hof
gata	Straße (in der Stadt)
ha det bra	Tschüs! („Mach's gut!")
haug	Hügel, Anhöhe
leden, leia	Weg, Wanderweg, Pfad
li	Hang, Abhang
lunsj	Mittagessen
middag	Abendessen
RV – riksvei	Reichsstraße (Bundesstraße)
seter	Alm
stasjon	Bahnhof
takk	Danke
takk for sist	Begrüßung bei erneutem Zusammentreffen („Danke für neulich!")
topp	Gipfel
tun	Hof(anlage), großer Hof
værsågod	bitte (sprich: „wärschegu")
vatn	See, Wasser
vidda	Weite, Ebene im Gebirge

Hinweise zu Pilgerkarten für Norwegen

Dieses Buch verzichtet auf den Abdruck von Pilgerkarten. Denn es ist für Karten zu klein und das norwegische Pilgerprojekt bietet auf www.pilegrimsleden.no zu allen Routen der norwegischen und schwedischen Pilgerwege hervorragende Karten zum kostenlosen Herunterladen an. Diese kann man ausdrucken oder digital verwenden. So hat jede/r genau die Karten, die er/sie braucht. Die Pilgerweg-Karten werden laufend aktualisiert. Dabei finden sich Ikons mit Herbergssymbol (Bett) und dem Symbol für Sehenswürdigkeiten (Vierpassknoten und Kreuz). Der Pilgerweg ist auf den Homepage-Karten mit einer dunkelgrauen Linie verzeichnet. Alternativstrecken sind in der Regel nicht verzeichnet. Für diese Strecken empfiehlt sich die Anschaffung einer Wanderkarte für die betreffende Region.

Neu ist der Reiseplaner + App auf www.pilegrimsleden.no, mit dem jeder seine individuelle Reise planen kann.

Detailinformationen zu den in diesem Buch genannten Unterkünften

– Klicken Sie „www.pilegrimsleden.no“ an.
+ Klicken Sie „Language / Deutsch“ an.
+ Klicken Sie „Die Pilgerwege“ an.
+ Klicken Sie „Der Gudbrandsdalsweg / Mehr“ an.
+ Klicken Sie die Karte an.
+ Klicken Sie die Nummer des gesuchten Ortes an.
+ Klicken Sie das Bettensymbol der Unterkunft an.

Zeichnung der alten Domkirche von Hamar

Gebet zu Beginn des Pilgerweges

„Gott, wir danken dir,
dass du die beschützt, die nach dir suchen.
Wir danken dir,
dass du die leitest, die auf dich hoffen.
Wir bitten dich um deinen Segen,
wenn wir jetzt aufbrechen zu unserem Pilgerweg.
Bewahre uns vor allem Übel, dass kein Schade uns treffe.
Behüte unsere Körper und Seelen.
Hilf uns, mit offenem Blick loszuziehen für das,
was du uns auf dem Weg zeigen willst.
Und wenn wir unser Ziel erreichen, hilf uns,
deine Stimme zu hören.
Gott segne und behüte uns.
Amen."

Aus der norwegischen Pilgerliturgie

Das Schutzgebäude über der Domkirchenruine

Die Etappen

Hamar als Startort: Domkirchenruine und Domkirchenodde

Von Hamar bis zur Ringsaker-Kirche

Der Kilometerstein vor dem Hedmark-Museum in Hamar ist unser Startpunkt. Er zeigt 488 km bis zum Nidaros-Dom an. Rein rechnerisch könnte diese Strecke bei 25 km am Tag in gut 20 Tagen zu schaffen sein. Doch nur selten verläuft der Pilgerweg eben und geradeaus. Häufige Steigungen und schmale Pfade dämpfen das Tempo; und das ist gut so. Denn eine Pilgerwanderung ist kein sportliches Projekt, sondern eine geistlich-körperliche Unternehmung.

Langsamkeit, Pausen sowie Ein- und Ausblicke gehören zu diesem Weg ebenso wie gebirgstaugliche Schuhe, Kamera, Sonnencreme und Regenponcho.

Auf dem Weg kann man viel erleben und sollte sich die Zeit dazu nehmen. 30 Tage sind das Minimum, und am Ende sollten Pilger sich auch ein paar Tage in Trondheim gönnen. Aber bis dahin liegen noch viele Schritte vor ihnen. Die ersten beginnen in Hamar, Norwegens größter Stadt, die nicht am Meer liegt.

Die Domkirchenruine auf dem Gelände des Hedmark-Museums (freier Eintritt für Pilger; Pilgerpass und Pilgerstempel im Kassenhaus) ist der ideale Startort für die Pilgerwanderung. Die romanische Domkirche wurde im norwegisch-schwedischen Krieg zerstört (vgl. nächsten Abschnitt) und stand seitdem als Ruine auf der Nase oberhalb des Sees. 1998 konnte Kronprinz Håkon Magnus das Schutzgebäude einweihen, das über den Ruinen errichtet wurde. Jetzt ist die Domkirchenruine wieder eine vollständig geweihte Kirche und wird ökumenisch genutzt. Hier kann man aufbrechen mit nachdenklichen Worten des Kronprinzen:

„Verfall und Zerstörung bedrohen jedes Gebäude, aber seine Geschichte kann durch Fürsorge und Schutz bewahrt werden. Diese Ideen greifen hinein in das Zentrum eines engagierten Humanismus: der Glaube daran, dass etwas über unsere Zeit und Kurzsichtigkeit hinaus bedeutsam sein kann."

Poetiske inntrykk fra Hamardomen, S. 46

Domkirchenodde – gläserne Kathedrale

Auf dem Domkirkeodde in Hamar befindet sich die wohl eindrucksvollste Kirche entlang des Olavswegs, ein markanter Startort der Pilgerwanderung für diejenigen, die in Hamar starten. Die Ruine der romanisch-gotischen Domkirche von Hamar ist heute wieder eine ökumenisch geweihte Kirche und täglich für Besuchende geöffnet.

Unter einem riesigen Glaszelt, dem Schutzbau der Architekten Lund und Slaatto, stehen einzelne Säulen und Bögen, Mauerreste und die sakralen Möbel der 1152 erbauten Domkirche: Altar und Taufbecken. Zerstört wurde die Domkirche 1567 im norwegisch-schwedischen Krieg. Bis dahin diente sie auch nach der Reformation als Kirche. Das stilistische Vorbild stand in Oslo: die St. Hallvards-Kathedrale. Mit dem zentralen Turm glich sie auch dem gotischen Nidarosdom in Trondheim.

Die Domkirchenruine liegt gut sichtbar auf der Odde oberhalb des Mjøsa-Sees und war zu allen Zeiten gut mit Booten zu erreichen. Auch heute braucht es nur eine knappe Viertelstunde, um von der Anlegestelle des Raddampfers „Skibladner“ zur Domkirchenodde zu gelangen.

Die Gottesdienste, die hier gefeiert werden, finden inmitten von Wetter und Landschaft statt: Die Sonne wärmt, der Regen läuft an den Scheiben hinab und hüllt die Besuchenden ein. Im Winter kann unter Nordlicht und Sternenhimmel gebetet werden und im Sommer bei Sonnenlicht fast bis Mitternacht.

Bei der Weihe des Schutzgebäudes geschah Folgendes: Als Bischöfin Rosemarie Köhn die Arme zum Segen erhob, brach ein starkes Regenschauer über das Gebäude herein. Segen vom Himmel!

Die Domkirchenruine wird gerne für Trauungen genutzt. Ihre fantastische Akustik macht sie zu einem beliebten Konzertort. Die Museumswächter, die hier Dienst tun, führen den besonderen Klang des Gebäudes gerne vor, beispielsweise mit dem Lied der Solveig (Henrik Ibsen/Edvard Grieg):

Kanske vil der gå både Vinter og Vår,
Mag sein, dass Frühling und Winter vergeht,
både Vinter og Vår. dass beides vergeht.
Og næste Sommer med, og det hele Ar,
Und ebenso der Sommer und das ganze Jahr,
og det hele Ar. und das ganze Jahr.
Men engang vil du komme, det ved jeg vist,
Doch einmal wirst du kommen,
det ved jeg vist. das weiß ich gewiss, weiß ich gewiss.
Og jeg skal nok vente, for det lovte jeg sidst,
Und wie ich versprach, werd ich warten
det lovte jeg sidst. auf dich, wie ich es versprach.

Gud styrke dig, hvor du i Verden går,
Gott stärke dich, wohin immer du reisen wirst,
i Verden går. wohin in aller Welt.
Gud glæde dig, hvis du for hans Fodskammel står,
Gott erfreue dich, wenn du in seinen
for hans Fodskammel står. Fußstapfen stehst, Fußstapfen stehst.
Her skal jeg vente, til du kommer igjen,
Hier werd ich warten, bis du wiederkommst,
du kommer igjen. bis du wiederkommst.
Og venter du histoppe, vi træffes der, min Ven,
Und wartest du dort oben, dann treffen wir uns,
vi træffes der, min Ven! Freund, dann sehen wir uns, Freund!

(Übersetzung: Bernd Lohse)

Veldre-Kirche

Von der Domkirchenodde geht es los. Der Weg hält sich am Mjøsa-Ufer, passiert einen Badestrand, einen Campingplatz und steigt dann rechts den Berg hinauf, an der Prestrudhalle vorbei zum Furubergveien und über den Furuberg. Er führt steil in den Wald hinauf zu der Stelle, wo einst die Stadtburg von Hamar gestanden haben soll. Über Waldwege gelangt man zur Kommunalgrenze von Hamar und Ringsaker und nach guten zwei Kilometern zur Furnes-Kirche. Über kleinere Straßen, Hüttengelände und Wege kommt man nach Vesle Ihle und an der Asphaltstraße zur E6. Die Europastraße wird unterquert, dann geht es direkt durch das Zentrum von Brumundal (ca. 3 km von der E6) zur Brücke über den Brumundå. Den Fagerlundveien entlang, einen Hofweg zum Hof Jemtland, der abseits des Weges liegt. An der nach einer Weile folgenden Weggabelung links halten, in den Wald hinauf, dann eine Kiesgrube passieren, anschließend links auf die Straße und ca. 400 m zur neugebauten Veldre-Kirche. Die alte ist einer Brandstiftung zum Opfer gefallen. Der Weg von Hamar zur Veldre-Kirche ist etwa 23 km lang. Von hier bis zur Ringsaker-Kirche sind es weitere 11 km. 600 m hinter der Veldre-Kirche biegt der Pilgerweg nach rechts auf einen kleineren Weg ab, den Pastorenweg (Prestvegen), auf dem man fast bis Ringsaker bleibt.

Es geht durch schöne Waldgebiete, bevor man die Eisenbahnlinie Oslo-Trondheim überquert. Durch einen Wald und ein Wohngebiet gelangt man zum Motel „Rudshøgda“ an der E6. Hier kreuzt man die E6. Auf der westlichen Seite der Straße liegt ein weiteres Motel, „Prøysenhuset“, hinter dem der Prestvegen wieder in den Wald hinaufführt.

An der Weggabelung im Wald rechts halten, die Prøysenstua (Hütte des früheren Dichters Alf Prøysen) passieren, weitere 2 km durch den Wald und dem Schild „Prestvegen“ nach Mariendal folgen. Von hier sind es auf der Straße 2 km bis zur mittelalterlichen Ringsaker-Kirche.

Die Ringsaker-Kirche

Oberhalb des Mjøsa-Sees liegt die Ringsaker-Steinkirche, deren älteste Teile aus der Mitte des 11. Jh. stammen. Das kreuzschiffige Gebäude befindet sich inmitten eines gepflegten Friedhofs.

Die Ringsaker-Kirche mit der Pilgerherberge rechts davor

Es ist ein wichtiger Ort für eine Pause auf dem Weg und ist in der Regel offen.

Das mittelalterliche Gotteshaus erzeugt im Besucher schon beim Betreten eine besondere Stimmung. Alles in diesem Gebäude lädt zum Gebet ein. Das eindrucksvollste Kunstwerk, der üppige Klappaltar mit 127 vergoldeten Figuren, fällt sofort ins Auge und kontrastiert die ansonsten schlichte Schönheit der Kirche. Er ist das Geschenk des Magisters Ansten Skonk und stammt aus der Werkstatt von Robert Moreau in Antwerpen.

Bei Beauftragung gegen 1520 war die Kirche noch katholisch. Seinen Bestimmungsort in Ringsaker erreichte der Altar allerdings erst nach der Reformation. So entstand die amüsante Situation, dass die evangelisch-lutherische Ringsaker-Kirche ein Renaissance-Altar ziert wie sonst katholische Kirchen. Die Gemeinde freut sich über diese wahrhaft ökumenische Situation und zeigt den Altar mit Stolz.

Die Kirche wurde dem Heiligen Olav geweiht. Das romanische Längsschiff wurde gegen 1200 um ein Querschiff im gotischen Stil erweitert.

In einer Nische des Chorraumes steht eine alte, kleine Jakobusplastik, die Pilgerbewegungen bis nach Santiago andeutet.

Direkt vor der Kirche liegt eine rote Holzhütte als Pilgerunterkunft.

In Skandinavien ist seit Ende des 19. Jh. eine besondere Schöpfungstheologie entstanden, stark geprägt vom dänischen lutherischen Theologen Grundtvig. Die geschaffene Welt mit ihren Ereignissen, Dingen und Lebensumständen wird als Ort wahrgenommen, an dem sich Gottes gnädiges und fürsorgliches Handeln offenbart.In der Weiterentwicklung dieser theologischen Ansätze machte man Ernst mit Luthers Anschauung, dass alles im Leben Gottesdienst sein kann und jeder Mensch am priesterlichen Amt Anteil hat, sofern er oder sie so lebt und handelt, dass damit Raum für Lob Gottes und Dank geschaffen wird.

Das norwegische Gesangbuch ist eine wahre Fundgrube naturverbundenen Liedguts. Auch hier zeigt sich das besondere Verhältnis der Norweger zu ihrer Landschaft und ihrer Kultur. Die Natur ist Gottes größte Kathedrale.

Übernachtung in Hamar

Vikingskipet Vandrerhjem og Motell (490 km bis Nidaros):
Jugendherberge, 700 m vom Leden, modern, Appartements, schöne Zimmer, Frühstück, gegenüber der olympischen Eissporthalle „Haraldshalle“, die wie ein umgedrehtes Wikingerschiff wirkt.

Seiersted pensjonat (489 km bis Nidaros):
Pension mit gemütlicher Atmosphäre, Abendessen, Frühstück, direkt im Zentrum von Hamar, 1 km vom Leden.

Hedmarktoppen Camping und Hotel (488 km bis Nidaros):
Ca. 1,5 km vom Leden, Sommerhotel, Hütten, Selbstversorgung, Geschäfte in Hamar.

Übernachtung in Brumundal

Mjøsa ferie og fritidsenter (469 km bis Nidaros):
3 km vom Leden entfernt, Campingplatz mit Appartements, Selbstversorgung.

Veldre Kirke / Konfirmantsalen (464 km bis Nidaros)

Übernachtung in Ringsaker

Sveinhaug gård (452 km bis Nidaros):
Direkt am Weg, historischer Hof, Pension, Unterbringung komfortabel mit Mahlzeiten oder einfach mit Selbstversorgung möglich, Laden in Rudshøgda, 5 km vor dem Hof.

Detail aus der Ringsaker-Kirche: Jakobus-Relief

Pilgerhütte an der Ringsaker-Kirche (451 km bis Nidaros): Direkt am Weg, einfache Hütte mit acht Schlafplätzen, Dusche, Selbstversorgung, Schlüssel im Schlüsselkasten am Eingang, Code im Kirchenbüro.

Übernachtungen in der Ringsaker-Kommune

Ringen Rehabiliteringssenter (am Weg) und **Sørby Gård og Pensjonat** (1,2 km vom Weg entfernt)

Übernachtung in Moelv

Steinvik Camping und Hütten:
Einfache 4-Personen-Hütten, Selbstversorgung.

Von der Ringsaker-Kirche nach Brøttum
(25 km)

Die heutige Pilgerstrecke verlangt den Pilgern einen kräftigen Anstieg von 350 m zwischen Vea und Ulven ab. Im Großen und Ganzen bleibt die Etappe in der Nähe des Sees und ermöglicht mehrfach schöne Blicke über den Mjøsa.

Von der Kirche über die Hauptstraße, nach 1 km einen Hofweg zur Skarpsno-Schule entlang, wieder zur Straße zurück, über den Steinvik-Campingplatz zum Fußweg am See, darauf bis zur E6-Brücke (die E 6 wechselt hier bis nach Lillehammer auf das westliche Mjøsa-Ufer).

Der Pilgrimsleden bleibt am Ufer, man kann auch rechts zum Moelv-Zentrum und dann auf der Hauptstraße nach Norden gehen.

Hinter Moelv kommt man an eine Stelle, die „Tolvsteinringen“ (Zwölfsteinering) heißt, ein urzeitlicher Grabplatz (vgl. nächsten Abschnitt). Von hier der Reichsstraße bis Vea folgen und dort rechts nach Lundehagen, Ringen und Ulven abbiegen. Hier wird der Weg steil. Am Wegkreuz links nach Ulven. Jetzt geht es die Straße entlang geradeaus, bis der Pilgrimsleden links über einen Hofweg nach Trettsvea hinabführt. Von hier sind es noch gute zweieinhalb Kilometer bis Havik am RV 213.

Wer sich die steile Strecke über Ulven sparen will, kann die gesamte Strecke bis Havik entlang dem RV 213 gehen. Der Hauptverkehr fließt auf der gegenüberliegenden Mjøsa-Seite über die E6. Der RV 213 ist auch für die nächsten 3,5 km der Pilgerweg. Von hier aus gibt es jeweils Schilder, die zum Campingplatz Samuelstuen und zum Bahnhof Brøttum bergab nach links weisen.

Waldweg bei Moelv

Tolvsteinringen – Menschen haben immer gebetet

Es braucht Orte, an denen Menschen über sich hinaus sehen können, Orte, an denen das Denken transzendiert wird und Menschen sich als Teil von etwas Größerem begreifen.

Tempel, Kirchen, Steinkreise und Kulthöhlen – immer haben sich Menschen besondere Orte geschaffen, an denen sie sich mit der sie umgebenden Wirklichkeit verbinden konnten, die ihre Enge und den Alltag übersteigt.

Hinter Moelv führt der Gudbrandsdalsweg des Olavswegs direkt an dem uralten Steinkreis vorbei, dem Tolvsteinringen. Es ist ein vorchristlicher Begräbnis- und Gebetsplatz.

Die Naturgottheiten der Wikingervölker hielten sich nicht in Gebäuden oder Gegenständen auf, sondern waren innerhalb der Natur zugegen. Der Zwölftsteinkreis hat als Versammlungsort (Tingplatz) gedient und war ein besonders umfriedeter Bereich. Tingplätze dienten der Begegnung der Menschen eines Stammes oder mehrerer Stämme. Hier wurden Informationen und Erzählungen ausgetauscht, die Regeln für ein gutes Miteinander festgelegt und Konflikte geschlichtet. Tingplätze waren aber auch religiöse Kultorte. Man vergewisserte sich der Nähe der Gottheiten, Åsen, und huldigte den nordischen Hauptgottheiten Thor (Donar), Freya (Fregya), Våddan (Wotan). Dieser Begräbnisort wird dem Gott Våddan geweiht gewesen sein.

In Norwegen ist man zu vielen Zeiten sehr sensibel mit den überkommenen und auch überwundenen Gottheiten umgegangen. Man hat nicht einfach zerstört, was gewesen ist, sondern umgedeutet.

Viele Stabkirchen, z.B. die in Ringebu und Vinstra, stammen aus vorchristlicher Zeit (sind also 1000 Jahre alt und mehr). Den Drachenköpfen wurden Kreuze aufgepflanzt und man nutzte die Gebäude weiterhin.

Die starke Verbindung zur Natur ist der norwegischen Theologie und dem geistlichen Liedgut auch heute noch deutlich anzumerken.

Johannesgården – Einkehr für Pilgernde

Am östlichen Hang des Mjøsa-Sees im Bereich der Brøttum-Kommune (südlich von Lillehammer) finden Pilgernde auf dem Johannes-Gården einen besonderen Ort zum Verweilen. Der charmante Hof mit einem weitläufigen Garten und vielen lauschigen Plätzen hat über mehrere Jahrzehnte als Retreat-Zentrum gedient. Die kleine Hofkapelle ist ein guter Ort zum Verweilen, ein bergender Raum, in dem man gut in der Stille sitzen kann. Ein weiterer Gebetsplatz, die Himmelskapelle, befindet sich im Wald oberhalb des Hofes. Zwischen Mai und August ist der Johannes-Hof für Pilgernde geöffnet.

Retreat
Anhalten im Lauf des Alltags,
in Kontakt kommen mit sich selbst
und dem, was die Seele nicht preisgibt,
wenn Pflichten und Gewohnheit
den Takt bestimmen.

Vor Gott da sein
im Wald und im Garten,
in der Kapelle
und beim Blick in die Landschaft.

Beeren pflücken und schmecken,
bewusst hinschmecken.
Atme ein und aus und fühle meine Lebendigkeit.
Hier bin ich vor dir, Gott.
Gut, dass ich da sein kann.
Danke.

Übernachtung in Brøttum

Brøttum Camping (433 km bis Nidaros):
Liegt am Weg nahe der Kirche von Brøttum, Hütten, Selbstversorgung.

Übernachtung in Johannesgården (431 km bis Nidaros):
Direkt am Weg, Zimmer, Dusche, Selbstversorgung (Geschäft 2,5 km vor dem Hof), geistlicher Einkehrort (Retreatsenter) in wunderschöner Natur. Der alte Speicher (Stabbur) in der Hofmitte dient heute als Kapelle. Der Hof ist Ausgangspunkt für viele großartige Wandertouren. Er eignet sich für einen stillen Pausentag. Geistliche Angebote.

Hinklev gård (423 km bis Nidaros):
Direkt am Weg, Wohnung mit Selbstversorgung, Laden 3,5 km vor dem Hof.

Von Brøttum nach Lillehammer (14 km)

Der Weg bis Lillehammer verläuft weitestgehend nahe am Seeufer leicht oberhalb der Eisenbahn am Hang. Er ist gut zu gehen und schnell. Große Steigungen warten nicht auf die Pilger, es sei denn, sie machen einen Umweg über die Brøttum-Kirche (etwa 500 m hinter dem Bahnhof rechts den Hang hinauf). Der Weg von der Kirche hält sich entlang dem RV 213 und trifft bei Hindkleiv (6 km vor Lillehammer) wieder auf den markierten Pilgrimsleden.

Der Leden nimmt den Fylkesvei 1 (Regionalstraße 1), später 321, eine Asphaltstraße, passiert malerische Buchten mit Bademöglichkeiten, den Bergseng-Bahnhof und eine

Kirche von Lillehammer

Olavsquelle kurz vor der Kommunalgrenze nach Lillehammer. Ein großer Stein weist auf die Quelle, der im Mittelalter Heilkräfte zugeschrieben wurden. Die Straße mündet in den RV 213, dem man bis nach Lillehammer folgt.

3 km vor Lillehammer liegt die Søre Ål-Kirche. Die Kirche von Lillehammer liegt direkt im Zentrum der Olympiastadt. Bei der Bank rechts halten, links über die Mesna-Brücke und man befindet sich in der Fußgängerzone von Lillehammer.

Übernachtung in Lillehammer

GjesteBu (Gäste-Schuppen, 419 km bis Nidaros):
Direkt am Weg, Pension, Dusche, Selbstversorgung, Küchenbenutzung möglich, Zentrumsnähe.

Birkebeineren Hotel & Apartments (419 km bis Nidaros):
1 km östlich des Leden, Hotel, Pension, Dusche, Frühstück.

Lillehammer Vandrerhjem im Bahnhof (418 km bis Nidaros):
500 m westlich des Leden, im Stadtzentrum, Jugendherberge, Selbstversorgung, Frühstück.

Storhove (nördlich des Lillehammer-Zentrums am Weg)

Olympiastadt Lillehammer und das Pilgern

„Die schönsten Winterspiele aller Zeiten", schwärmte der IOC-Chef 1994 über die Olympiade von Lillehammer. Die kleine norwegische Stadt am Nordende des Mjøsa-Sees ist vielen seitdem unvergessen. Die faire Sportbegeisterung der Norweger ist ebenso mit ihr verbunden wie die faszinierenden Landschaften. Lillehammer war weder gigantisch noch kommerzbestimmt, sondern von Tradition, Nachhaltigkeit und freundlichen Begegnungen geprägt. Die Gebäude und Stadien werden weiter genutzt. Das olympische Dorf am Nordende der Stadt, der „Fakkelgården", ist heute Studentenwohnheim und Bürogebäude. Pilgern zählt für die Norweger zu den naturverbundenen, nachhaltigen Freizeitbeschäftigungen. Es gibt viel Sympathie für Pilger.

Stabkirche im Maihaugen-Freilichtmuseum, Lillehammer

Von Lillehammer nach Øyer (Skåden Gård)
(27 km)

Einzelne Strecken der heutigen Etappe verlaufen parallel zur Europastraße, die seit Lillehammer wieder auf das östliche Seeufer gewechselt ist. Der Mjøsa-See endet hier und der Pilgerweg läuft jetzt durch das malerische Gudbrandsdal, meist auf der höher gelegenen Straße, die die Höfe am Hang versorgt. Oft aber müssen Pilger auch Waldwege nehmen, in Bachtäler hinabsteigen und wieder hinaufklettern.

Die Pflege der Wege und auch der Markierungen lässt stellenweise zu wünschen übrig. Mancherorts sind sie auch schlicht zugewachsen. Hohe Aufmerksamkeit ist geboten.

Jetzt betreten die Pilger das geschichtsträchtige Gudbrandsdal, in dem das Heimatepos „Das Erbe von Bjørndal" spielt. Der Fluss Losna (später Lågen), die E 6 und die Bahnlinie werden treue Begleiter und tw. wird es so eng im Tal, dass für mehr als Wege und Wasser kaum Platz ist. Die Höfe liegen zum großen Teil an den sonnenreicheren Osthängen des Tals. Der Pilgrimsleden folgt historischen Wegverläufen und dem alten Königsweg (Gamle Kongeveien), der auch als „Tjodvegen" ausgeschildert sein kann. Immer ist aber die Wegmarke des Pilgrimsleden/Olavswegs maßgeblich.

Der Pilgerweg verlässt Lillehammer über städtische Straßen,passiert Felder und das Wohngebiet Hovesvea, bevor er nach links abknickt, über kleinere Wege führt und nach einem knappen Kilometer die E 6 erreicht. Rechts wird der „Fakkelgården" sichtbar, das frühere olympische Dorf. Die nächsten drei Kilometer bis Fåberg hält sich der Weg an der Eisenbahnlinie. Ab Fåberg müssen die Pilger für gute zwei Kilometer neben der E 6 gehen, steigen aber bei Einsby den Hang hinauf. Die E 6 wird unterquert, nach ca. 100 m folgt man dem Fahrweg bergan bis zum Hof Einsbybakken. Über Waldwege gelangt man zum Hof Nordby, von dort über einen Hofweg zum „Tjodvegen“, eine historische Straße. Gut markierte Waldwege führen zum Hof Sagstua, dann über eine kleine Brücke hinauf zum „Liebeswasserfall“ (Kjaerlighetsfossen). Die Aussicht auf diesem Wegabschnitt ist großartig. Der Pilgerweg trifft auf die obere Straße (FV 361) nahe des Hundergårds. Auf dieser Straße bleibt man die nächsten drei Kilometer bis Nermo. Sie verschwindet im Tunnel unter der olympischen Alpinski-Anlage Hafjell. Die Pilger nehmen den Weg über die Piste. An der Straßenkreuzung in Nermo knickt der Leden rechts ab, den Hang hinauf und verläuft über Waldwege bis kurz vor Skådengård. Wer die Øyer-Kirche passieren möchte, folgt der Straße knappe drei Kilometer und gelangt von dort auch nach Skåden. Das Zentrum von Øyer liegt ca. einen Kilometer unter der Kirche. Das letzte Stück bis Skåden ist sehr steil.

Übernachtung in Øyer

Nermo Gårdshotell og Hytter (400 km bis Nidaros):
500 m vom Leden, Hotel/Zimmer, Reservieren erwünscht.

Rybakken Camping (400 km bis Nidaros):
3 km vom Weg am anderen Ufer des Lågen, Zugang via Straßenbrücke bei Nermo, Zimmer, Hütten, Selbstversorgung.

Skåden Gård (392 km bis Nidaros):
Direkt am Weg, Hütten für 3-6 Personen, Wohnung, Dusche, Selbstversorgung.

Der Schöpfung lauschen

Werde still und lausche dem uralten Baum.
In seinen Zweigen flüstert der Wind.
Horch, was er dir erzählen kann.

Werde still und lausche dem Bach.
Sein unendliches Fließen spricht zu dir
vom Leben, das in dir fließt,
und welchem unbekannten Ziel entgegen.

Werde still und lausche dem Kuckuck,
dem uralten Begleiter.
Du hast ihn nie gesehen, aber immer gehört.
Lausche Wind, Wasser und Geschöpfen.
Sie erzählen dir von ihrem Schöpfer.
Und entdecke in der Stille die Kraft,
die auch in dir schlummert und fließt
und wirkt von Anfang an. *(Bernd Lohse)*

Aussicht auf Tretten

Von Øyer nach Fåvang (31 km)

Hoch über dem Tal am östlichen Hang, weit oberhalb der E6, gehen die Pilger auf der ersten Strecke dieser langen Etappe. Nach einem kräftigen Abstieg geht es dann nicht mehr ganz so hoch wie am Anfang, aber immer noch weit genug von der Europastraße entfernt. Entlang dieser Etappe gibt es viele Übernachtungsmöglichkeiten und jeder Pilger hat die freie Wahl, wie weit es an welchem Tag gehen soll. Die gesamte Strecke bis nach Fåvang und zum Berget-Hof hat sehr anstrengende und z.T. auch gefährliche Passagen.

Skåden: Nach 200 m Grasweg erreichen die Pilger wieder den Tjodvegen, der in den Wald hineinführt und bald in eine Schlucht hinab- und steil wieder hinaufsteigt.

Jetzt verläuft es recht flach weiter zum Hof Skjønsberg, den Hofweg hinauf zur bereits vertrauten Straße 361, auf der es die nächsten 1,5 km bis nach Kvam geht. Jetzt der rechten Straße (Richtung Tretten) gute 300 m folgen und dann rechts den Berg hinauf. Der Weg führt gleichmäßig bergan und in eine Schlucht zwischen zwei Berggipfeln hinein. Hier ist es stellenweise steil und der Weg führt über Zauntreppen. Flacher wird es beim Hof Kløv.

Hinter dem Hof führt der Weg in dichten Wald und etwas später zu einer wunderbaren Aussicht über das Tal bei Tretten. Über Waldwege und Höfe geht es hinunter zur Straße 358, der man die nächsten 2 km folgt bis zum Hof Torstad. Nach 1 km kann man rechts den Berg hinauf zur Pilgerunterkunft Borkerud steigen. Gleich hinter Torstad rechts den Hofweg nach Tande. Kurz vor dem Hof links hinab dem Traktorweg folgen. Es geht wieder durch Wälder, ist aber eben bis Glomstad. Hier steht ein Schild, das zur Herberge weist.

Die alte Steinbrücke über die Rolla

Vom Glomstad-Hof nimmt man einen knappen Kilometer die Straße bis zum Ende bei Vedem. Man passiert ein altes Sägewerk, später einen Hof. Es geht dann sehr steil über ein Feld und eine Zauntreppe hinab fast bis zur E 6 und zum Mageli-Campingplatz. Der Weg bleibt etwas oberhalb der Straße und führt über einen bewaldeten Hang. Man muss hier sehr vorsichtig sein, es ist ein schmaler, schlecht gangbarer Pfad, der z.T. steil ansteigt.

Achtung: Der Untergrund ist rutschig!

Nach gut zwei Kilometern erreicht man einen landwirtschaftlichen Weg beim Hof Bjørge. Wer von hier zum Campingplatz Krekke will, muss den Hofweg hinuntergehen und dann einen Kilometer an der E 6 entlang.

Von Bjørge folgt man einem Weg an der Waldkante über Gras hinab zu einem Feuchtgebiet an einem Bach (schöner Wasserfall!). Der Weg ist hier mit Bohlen ausgelegt und kommt oberhalb des Krekke-Hofes aus dem Wald. Bald hinter dem Hof gelangt man auf den Hofweg und über diesen auf die Asphaltstraße, die man rechts weitergeht. Nach ca. 1 km links abbiegen Richtung Tvåjord.

Die Straße passiert viele Höfe und erreicht 2,5 km hinter der Abzweigung den Hof Berget, ein Pilgerquartier. Jetzt hat man die Ringebu-Kommune und den Ortsteil Fåvang erreicht. Bis ins Zentrum von Fåvang sind es noch gute 3,5 km. Es gibt mehrere Wege dorthin. Um zur Kirche des Ortes zu gelangen, muss man hinter dem Hof Tvåjord die Straße links den Hang hinabgehen, ein steiler, kurvenreicher Weg.

Der Pilgrimsleden folgt weitere 2,5 km der Asphaltstraße (FV 375), knickt in einen Hofweg nach rechts ab, passiert die Höfe Nordrum (Pilgerherberge) sowie Brenna und führt steil hinunter in die Schlucht, bevor er die Bebauung erreicht, der Straße Damsveien folgt und den Fluss Tromsa auf der alten markanten Brücke überquert. Das Zentrum von Fåvang ist nur wenige 100 m entfernt. Wer direkt ins Zentrum gehen will, bleibt ab Tvåjord auf der Asphaltstraße.

Übernachtungen zwischen Øyer und Fåvang

Pilgrimsloftet Borkerud (384 km bis Nidaros):
Liegt 500 m vom Weg entfernt, günstiges Quartier mit Betten im Stabbur (Speicher) und Langhaus, Selbstversorgung, Abendessen möglich, naturschöne Badestelle in der Nähe, zum Lågen-Strand 20 Minuten zu gehen.

Glomstad Gård og Pensjonat (379 km bis Nidaros):
Liegt 200 m vom Weg entfernt, Einzel- und Doppelzimmer, Pension, Abendessen und Frühstück, prächtige Aussicht übers Gudbrandsdal, selbstgemachtes Essen.

Mageli Camping og hytter (377 km bis Nidaros):
Direkt am Ufer des Lågen, 500 m vom Weg entfernt, Selbstversorgung, Laden, Cafeteria.

Krekke Camping (374 km bis Nidaros):
Am Weg, am Flussufer, Hütten, Selbstversorgung, Laden.

Berget, Ivar O. Nordrun (368 km bis Nidaros):
Wohnung, Zimmer, Hütte, Selbstversorgung, Laden nah.

Tromsnes-Gård (364 km bis Nidaros):
500 m vom Weg entfernt, Wohnung für 3-5 Personen, hoher Standard, Selbstversorgung.

Kvittfjelltunet hyttegrend (364 km bis Nidaros):
600 m vom Weg entfernt, Hütten, Waschmaschine, Sauna, Selbstversorgung, Gasthof 150 m entfernt.

Die Kirche von Fåvang

Die Kirche von Fåvang war ursprünglich eine Stabkirche wie die von Ringebu, wurde aber Mitte des 17. Jh. zu einer Kreuzkirche umgebaut und bekam einenTurm.

Die Fåvang-Kirche

Von Fåvang bis Vinstra (42 km)

Die oben angegebene Etappe ist zu lang für einen Tag. Der Weg fordert durch viele Steigungen Kraft. Von Fåvang bis zum Dale Gudbrandsgård etwa sind es 23, bis zum Hof Sygard Grytting 29 km. Man sollte diese Etappe auf zwei Tage aufteilen. Es gibt eine Fülle von Quartieren auf der Strecke. Wenn man die Tromsa-Brücke überquert, gelangt man an ein Hinweisschild auf dem alten Königsweg (Gamle Kongeveien), den man jetzt bis nach Ringebu geht. Es geht wieder den Hang hinauf zur Asphaltstraße, der man folgt, bis der Gamle Kongeveien zum Waldweg wird: Dort, wo die Straße eine scharfe Rechtskurve macht und weiter den Berg hinaufführt, verläuft der Gamle Kongeveien geradeaus, passiert einen Schießplatz und viele markante Orte.

Nach gut 7 km erreicht man die Stabkirche von Ringebu, die im Sommer von freundlichen jungen Damen geöffnet wird. Diese freuen sich, Besuchern ihre Kirche zu zeigen. Um die Kirche herum liegt ein malerischer Friedhof. Das Ensemble betritt man durch ein Holztor. Im Schuppen unterhalb des Parkplatzes befinden sich Toiletten. Der Hof Gildevollen nebenan ist Pilgerherberge.

Oberhalb der Stabkirche ist im alten Pfarrhof aus dem 15. Jh. die Kunstsammlung des Malers Weidemann ausgestellt, eine Sammlung lokaler Kunst.

Ringebu-Stavkirche – stabil durch Beweglichkeit

Oberhalb des Mittelpunktortes Ringebu trifft ein landwirtschaftlicher Weg auf eine steile Fahrstraße und führt unmittelbar auf eine braune Kirche mit rotem Turm zu. Nachdem Besucher das Tor zum Friedhof durchschritten haben, lässt sich die Kirche auch riechen. Wurzelteer!

Die Stabkirche von Ringebu ist ein ganz besonderes Kulturdenkmal. Sie ist die einzige der 23 norwegischen Stabkirchen, die immer noch als Gemeindekirche genutzt wird. Wie sehr die Menschen aus dem Ort ihre Kirche schätzen, machen schon die freundlichen jungen Kirchenführer deutlich, die Besuchende am Eingang willkommen heißen.

Die Stavkirche wurde 1220 errichtet und ist von ihrer Substanz das originale, ursprüngliche Bauwerk. Nur der Umgang um die Kirche wurde mit festen Wänden verschlossen und in den Kirchraum integriert. Im Inneren erkennt man die vielen Phasen der Umgetsaltung der Kirche, aber immer auch die ursprüngliche Bauform einer Stabkirche. Stäbe werden die großen Baumstämme genannt, die das Gebäude tragen.

Die Stabkirche von Ringebu und die Kulisse des Gudbrandsdals

Sie sind komplett ohne Nägel und Schrauben mit gesteckten Andreaskreuzen verbunden. Die senkrechten Stäbe lagern jeweils auf einem Felsblock. Die hohe Elastizität der Konstruktion ist der hauptsächliche Grund für die Dauerhaftigkeit des Gebäudes. So ist diese Kirche stabil gerade durch ihre Beweglichkeit, und wenn man das Gebäude an einem stürmischen Tag betritt, kann man es knarren und knirschen hören.

Die Kirche ist vermutlich dem Heiligen Laurentius geweiht. Eine gotische Figur des Heiligen vor dem Eingang zum Altar dürfte aus der Bauzeit der Kirche stammen.

Der Legende vom Heilige Laurentius:
Laurentius war Diakon von Rom im 3. Jahrhundert und verwaltete die Kasse der Gemeinde. Es war die Zeit, in der

Die Kirche von Ringebu

Christen vom römischen Staat unterdrückt wurden. Der Kaiser rief Laurentius zu sich und verlangte von ihm, dass er ihm am folgenden Tag den Schatz der Kirche zu übergeben habe. Laurentius kam am nächsten Morgen in den Palast, gefolgt von vielen, vielen Armen. Er erklärte dem verblüfften Kaiser, dass die Armen der wahre Schatz der Kirche seien. In seiner großen Wut ließ der Kaiser Laurentius bei lebendigem Leib grillen.

Das älteste Stück der Kirche ist die innere Eingangstür. Sie stammt aus dem Vorgängergebäude und ist mit Drachen und Schlangen verziert, was auf ihre Nutzung in vorchristlicher Zeit deutet. Auch die Nähe zu keltischen Mustern und Verschlingungen ist augenfällig.

Von der Stabkirche aus führt der Pilgrimsleden die Straße hinauf, die auch Panoramastraße genannt wird und ihrem Namen alle Ehre macht. Nach zwei Kilometern zweigt der Leden links ab und führt als Sandstraße hinunter ins Zentrum von Ringebu. Ein Fußweg führt dort zur Brücke über den Valå. Jenseits der Brücke gelangt man an eine Kreuzung. Dort die Straße (FV 388, Hinweis zum RV 27) nach rechts nehmen und den Hang hinaufgehen. Nach 1,5 km links in den Midtvegen einbiegen, eine Schotterstraße, die durch Wald und schöne Natur führt.

Nach wieder 1,5 km erneut links abbiegen in den Slettavegen. Nach 1,5 km erreicht man RV 27 (Rondevegen). Links halten und nach gut 150 m (bei der Sägerei) den Weg nach rechts nehmen, an der Gabelung nach 400 m links halten.

Pilgerwegmarke zwischen Blumen versteckt

Linker Hand passiert man eine tiefe Kluft, nimmt eine Brücke über die Frya. Auf der anderen Flussseite geht man am Waldrand entlang, steigt einen Grasweg links hinauf. Durch einen Wald an Militäranlagen vorbei geradeaus bis zu einer Straße. Jetzt hat man den Ort Frya erreicht.

Der Pilgrimsleden nimmt die Straße bis zur Einmündung in die E6. Es führt ein Grasweg den Hang hinauf und wird zu einem Kletterstieg unterhalb eines Birkenwaldes. Der Pfad fällt wieder steil ab bis zur E6. Jetzt hat man Hundorp erreicht und das Pilgerzentrum im Dale Gudbrands Gård.

Dale Gudbrandsgård (Pilgerzentrum)

Dieser Hof ist voller Geschichte. Hier soll Olav Haraldsson (später Olav der Heilige) 1021 Dale Gudbrand, einen lokalen Häuptling, getroffen haben. Snorre erzählt in seiner Olavssaga die Begegnung so:

„Während im Osten die Sonne aufgeht, erleben die Bauern unter der Führung von Dale Gudbrand, wie Kolbein, einer der Krieger von Olav, das Bild des Gottes Thor zerstört. Mäuse groß wie Katzen, Echsen und Schlangen quellen aus dem Bild hervor. Olavs Männer hatten bereits die Boote der Bauern zerstört und ihre Pferde davongejagt. Gedemütigt können sie nicht fliehen. Da sagte Olav zu ihnen: 'Seht, dort kommt unser Gott mit großem Licht' – und die Sonne ging auf über dem Bergrücken. Da ist es verständlich, dass sich die Leute aus dem Tal Olavs Glauben unterwarfen. Unter Führung von Dale Gudbrand errichteten sie hier eine Kirche, die erste im Gudbrandsdal."

Heute ist auf dem Dale Gudbrandsgård das regionale Pilgerzentrum für das Gudbrandsdal untergebracht und bietet Informationen, Speisen, Getränke und Herberge an.

Dale-Gudbrandsgård

Nach dem historischen Hof, der zum „Jahrtausendort" des Bezirks Oppland gewählt worden ist und mit vielen Angeboten einlädt, folgt der Leden gut 100 m der E6, die er bei der Straße Sofienborg überquert. Der folgt man den Hang hinauf und geht sie bis zur achteckigen Sør-Fron-Kirche, die an Gotteshäuser aus dem Erzgebirge erinnert. Unterhalb davon an der E 6 gibt es Einkaufsmöglichkeiten.

Die Sør-Fron-Kirche

Die Kirche von Sør-Fron ist die größte des Gudbrandsdales und wurde 1792 zuerst erwähnt. Für Norwegens Kirchbau ungewöhnlich ist die achteckige Form. Die Kirche wurde aus Sandstein gebaut und äußerlich mit Speckstein verziert. Wegen ihrer Größe wird sie als „Dom des Gudbrandsdales" bezeichnet. In der Sommerzeit ist sie von 10-15 Uhr geöffnet.

Der Pilgrimsleden klettert bei der Kirche den Hang hinauf, links in den Prestegårdsveien, überquert die Asphaltstraße und einen Weg am Hang entlang oberhalb der Stromleitung. Dieser Weg führt wieder zur E 6 hinunter, nach einem Bach aber erneut den Hang hinauf und über Felder zu einem weiteren Bach.

Auf der anderen Seite des Baches liegt der historische Hof Sygard Grytting, ein Kleinod mit großartiger Gastronomie und langer Geschichte. Seit 800 Jahren haben hier Pilger Herberge gefunden. Wer Muße und etwas Geld übrig hat, sollte sich ein stilvolles Abendessen in einem der Gewölbe unter den Hofgebäuden gönnen.

Der weitere Weg führt von einem Steinhaufen ausgehend am Bach Lauvåa entlang den Hang hinauf, über eine Klettersteige, eine Brücke, bevor man auf eine Straße trifft, der man den Berg hinauf folgt, um sie gleich hinter einer scharfen Rechtskurve nach links zu verlassen und über einen landwirtschaftlichen Weg auf halber Höhe über dem Tal weiterzugehen.

Diesem Weg folgt man, passiert eine Schranke und ein Schild „Skardvegen". Nach zwei Kilometern steigt der Weg steil am Hang hinauf, verläuft an der Ackerkante und als Schafspfad bis zum etwas schiefen Hof Skard nach 700 m. Es geht weiter geradeaus, landwirtschaftliche Wege entlang durch einen dunklen Tannenwald und auf einem alten Weg, der teilweise mit Steinen ausgelegt ist. Hier ist der Olavsweg schlecht markiert, aber man bleibt geradeaus etwa auf derselben Höhe, passiert den alten Hof Kleiva, ein Bachtal und gelangt zum Hof Botn. Der Weg ist hier sehr verwachsen.

Man hält sich auf dem Hofweg etwa 1 km bis zur nächsten Asphaltstraße (FV 421).

Der Straße folgt man nach links bergab (Abkürzungspfade am Hang sparen die Kurven!) zum traditionellen Peer Gynt-Hof Hågå. Man kann der Straße jetzt bis nach Vinstra folgen. Der Pilgerweg geht am Toksehof rechts weiter.

Übernachten in Ringebu, Frya und Hundorp

Gildesvollen Herberge (357 km bis Nidaros):
Direkt am Weg, nahe der Stabkirche von Ringebu, Zimmer, Hütte, Schlafsaal, Selbstversorgung.

Jonsgård Seng og Frokost (353 km bis Nidaros):
Selbstversorgung, Frühstück, Laden nebenan.

Heimtun Camping (346 km bis Nidaros):
500 m vom Weg, Hütten, Dusche, Selbstversorgung.

Enden Camping (346 km bis Nidaros):
500 m vom Weg, Hütten, Dusche, Selbstversorgung.

Fryaleire (345 km bis Nidaros):
1,2 km vom Weg entfernt, Bett im Schlafsaal, günstig, Frühstück, Dusche.

Dale Gudbrands Gård (341 km bis Nidaros):
Direkt am Weg, eins der drei Pilgerzentren des Bezirks Oppland (bietet umfassende Informationen, Übernachtung, Bewirtung und einen stillen Raum), Herberge, Dusche, Selbstversorgung, Abendessen und Frühstück möglich, auch Hotel auf dem Gelände.

Das 800 Jahre alte Herbergsgebäude auf dem Grytting-Hof

Sygard Grytting (335 km bis Nidaros):
Direkt am Weg, Essen in stilvollem Ambiente (hervorragende Küche), historischer Hof mit einfacher Herberge (Dusche) und komfortablem Hotel, einzig erhaltene mittelalterliche Herberge auf dem Weg, liebevoll restauriert von Hilde und Stig Grytting.

Peer Gynt

Peer Gynt ist eine literarische Figur und der Fantasie des Henrik Ibsen entsprungen. Das dramatische Gedicht des norwegischen Autos nimmt viele Motive der Märchenwelt auf, die der Sammlung von Asbjørnsen und Moe entstammen. Für die Uraufführung des Bühnenstücks 1876 in Oslo schuf Edvard Grieg die Musik.

Peer Gynt könnte als Archetyp des modernen Menschen beschrieben werden, der permanent auf der Suche nach sich selbst ist und immer in der Gefahr steht, sich und die Mitmenschen zu verlieren. Als verarmter Bauersohn flüchtet Peer in Fantasiewelten und Lügengeschichten, macht sich zur Unperson durch den Diebstahl einer Braut. Mit einem Zeitsprung wird die Handlung forterzählt: Peer ist durch Sklavenhandel reich geworden. Moral hat ihn niemals bremsen können. Er verliert seinen Reichtum bei einem Schiffsunglück und landet nach einer Irrfahrt schließlich im Irrenhaus des Dr. Begriffenfeldt in Kairo. Hier endet Peers Lebenswanderung mit der Erkenntnis, dass er selbst einer Zwiebel gleiche, die viele Schichten habe, aber keinen Kern.

In der Geschichte gibt es eine Reihe religiöser Anklänge und es liegt nahe, die Peer-Gynt-Geschichte zum Gegenstand einer Pilgerwanderung zu machen: Auf welchen Wegen des Lebens bin ich eigentlich hierhergekommen?

Im Freilichttheater am Gålå-See (Gålåvatn) wird in jedem Sommer für zehn Tage das Peer-Gynt-Festival veranstaltet. Die abendlichen Theater-Vorführungen mit vielen ehrenamtlichen Komparsen und Schauspielern werden von ca. 12.000 Menschen jährlich besucht. Mehr dazu unter: www.vistnorway.de

Von Vinstra nach Otta (33 km)

Die Etappe von Vinstra nach Otta ist lang und beschwerlich. Viele Auf-und Abstiege über z.T. mehrere 100 m sind zu bewältigen. Entlang der Strecke finden Pilger aber eine Vielzahl von Übernachtungsmöglichkeiten, sodass auch diese Gesamtstrecke gut auf zwei Tage verteilt werden bzw. dann auch über Otta hinaus gegangen werden kann. Bei besonders schlechtem Wetter können Pilger ohne Scham den Weg entlang der E 6 gehen. Der ist bisweilen sicherer und kräftesparend, aber nicht so schön.

Über eine Zauntreppe führt der Weg oberhalb des Toksehofes. Ein Telefonmast dient als Orientierung. Man klettert weiter hinauf und vor dem nächsten Telefonmast in den Wald hinein (Aufstieg ca. 300 m). Jetzt hält man sich an der Stromleitung entlang den Wohnhäusern, folgt dem landwirtschaftlichen Weg bis zum kleinen Hof Gurlilykkja. Hier ist eine Straße, der man bis zum letzten Wohnhaus folgt, hinter dem ein alter Waldweg links abgeht. Das ist der Olavsweg. Diesem Weg bis zu einem kleinen roten Haus folgen, gerade über die Straße und den schmalen Weg nach links gehen, dann zum Hofweg und den Hof passieren. Nach einem halben Kilometer erreicht man einen gut ausgearbeiteten Wanderweg, den man wiederum nach links geht. Dieser Weg führt steil hinauf, durch die Schlucht des Byrbekken, erneut hinauf, und nach 500 m erreicht man den Zaun um die Alm Stusslia: der höchste Punkt dieser Etappe.

Am Zaun entlang und dann dem Wirtschaftsweg die nächsten 1,5 km hinab folgen. Nach einem Gatter nimmt man den Weg hinauf zum Hof Svan, der rechts oben zu sehen ist. Dem Hofweg bis zur Straße (Gravdalsveien) folgen, die Straße queren und den Grasweg hinab, bis man den Gravdalsvei wieder erreicht hat (Hof Stø). Von hier aus dem Gardvegen, bei einem Viehrost rechts dem Weg am Hang entlang folgen. Nach einer ganzen Weile kommt ein Gatter, bei dem man am besten rechts den Berg hinaufgeht hinter den Hofgebäuden zur beeindruckenden Schlucht des Bosåa, der sich hier tief in den Schiefer gegraben hat. Dort gibt es eine kleine Brücke. Der Weg führt links hinab und trifft bald wieder auf den Fahrweg. Dem folgt man bis zur Asphaltstraße. Linker Hand unten im Tal liegt Kvam.

Die nächsten 5 km geht man ganz bequem auf der Straße hinab nach Kvam, passiert das Flüsschen Veikleåa über eine kleine Brücke und folgt ihm auf einem Uferweg hinab. Hier gibt es eine Badestelle (Kveinnhølen).

Der Olavsweg nimmt jetzt einen kleineren Weg parallel zur E 6 zum Hof Kjelda, steigt nach ein paar Hundert

Metern über Wiesen den Hang hinauf zu einem Birkenwald und passiert eine Pelztierfarm. Jetzt kann man sich gut an einer Stromleitung orientieren, der man etwas oberhalb ca. einen Kilometer folgt. Ein Holzpfahl mit Pilgerwegsymbol (Vassveite) weist auf eine alte Wasserleitung hin. Nach einem weiteren Hof geht ein Grasweg rechts steil den Hang hinauf. Dem folgt man etwa 400 m. An der folgenden Gabelung den linken Weg nehmen. Es wird wieder flacher und nach etwa 500 m erreicht man den Hof Søndre Løfta. Hier nicht den Hofweg nehmen, sondern den Wanderweg oberhalb des Hofes, der in den Wald führt.

Wieder muss man in ein Bachtal hinabsteigen und über zum Teil rutschigen Untergrund gehen. Etwa 500 m hinter dem Bach erreicht man einen Fahrweg und den Hof Bjørkerusta. Dort kann man die Straße links hinab zur E 6 nehmen, z.B. wenn man in Sjoa übernachten will.

Stusslia Seter

Ansonsten bleibt der Weg auf der Höhe über dem Tal. Das folgende Stück erfordert hohe Aufmerksamkeit: Es ist steil und teilweise unwegsam!

Für 1,5 km verläuft der Pilgerweg auf einer kleinen Straße und erreicht mit dem Hof Dalum die Grenze zur Sel-Kommune. Man folgt einem Traktorweg 500 m und an der Weggabelung hält man sich rechts. Es geht steil hinauf, wird wieder flacher und kurz danach beginnt ein steiler Abstieg. Die Aussicht ist fabelhaft, aber beim Gehen muss man seine Augen auf den Pfad richten! Es geht durch Urwald, manch ein Baum liegt im Weg, Graswege und kleinere Waldwege an einem steilen Hang entlang, bis man etwa 3 km hinter Dalum eine Fahrstraße erreicht, die hinab zur E 6 nach Varphaugen führt. Gegenüber dem Raftingcenter steigt der Pilgerweg auf einer Straße wieder den Hang steil hinauf: 300 Höhenmeter sind auf dem nächsten Kilometer zu überwin-

Die Bosåa-Schlucht

den. An einer Rechtskurve geht links ein Waldweg ab (in Richtung des Bergs Gnedden). Hier geht es wieder in den Wald, geradeaus an einem Hof vorbei und nach ein paar Hundert Metern erneut steil hinauf. Dort oben liegt die Aussichtsstelle Sandbuvangen.

Der Grasweg steigt weiter und man gelangt an die Brücke Skaråtåbrua. 200 m dahinter verlässt man den Wanderweg zum Gnedden nach links. Es geht gleichmäßig hinab bis zu einem Traktorweg, dem man bis zu einem Bach folgt. Hier muss man durch. Ein Grasweg auf der anderen Seite des Baches führt steil hinab, bis man eine Straße erreicht. Über diese Straße geht der Olavsweg hinunter zur E6. Über einen Grasweg parallel zur Europastraße geht es weiter zum alten Solhjem-Hof. Von hier aus laufen die Pilger am besten den Fußweg parallel zur E 6 und passieren einen Gedenkstein an die Schlacht der Talbewohner gegen das Kriegsheer der Schotten, das hier 1612 gestoppt wurde. Nach 3 km erreicht man Otta. Die markierte Strecke, die wieder den Berghang hinaufsteigt, eignet sich nicht für Pilger mit Rucksäcken. Sie ist auch schlecht ausgeschildert.

Übernachten zwischen Vinstra und Otta

Hollandsk Gjestehus (322 km bis Nidaros):
Hotel, 2 km vom Weg entfernt, Laden in der Nähe.

Øvre Kjæstad (311 km bis Nidaros):
Günstig, 400 m neben dem Weg, Laden in Kvam (3 km).

Vertshus Sinclair (309 km bis Nidaros):
1 km, Hütte/Hotel inkl. Frühstück.

Kirketeigen Ungdom Camping (309 km bis Nidaros):
600 m vom Weg entfernt, Hütten, Dusche, Selbstversorgung, Laden in der Nähe.

Storrusten Gjestehus og Camping (298 km bis Nidaros):
100 m vom Weg, Hütten und Speicher für 2-8 Personen, Laden nebenan.

Varphaugen Gård/Sjoa Raftingsenter (Nidaros 298 km):
100 m vom Weg, Hütte, Dusche, Selbstversorgung, Frühstück möglich, günstig, Rafting, Laden 10 km.

Von Otta zur Nord-Sel-Kirche (14 km)

Otta ist ein wichtiger Verkehrsknotenpunkt. Hier treffen der RV 15 und die E 6 aufeinander. Als Einkaufsort ist es für eine weite Region bedeutsam und als Ausgangspunkt für den Tourismus im Rondane-Gebirge (Rondane Nationalpark). Von hier fahren Busse nach Mysuseter im Rondane und an die Küste nach Måløy, Stryn sowie ins Lom-Tal oder über das Valdres-Hochplateau ins Jotunheim-Gebirge und nach Bergen. Otta liegt an der Bahnstrecke von Oslo nach Trondheim (Dovrebahn).

Aussicht auf Otta

Pilger kamen schon im Mittelalter an den Zusammenfluss von Ottaelv und Lågen. Gut 20 km von Otta entfernt in Garmo liegt das christliche Retreatcenter „Sandom-Gård“. Diese Etappe ist nach den mühsameren der vergangenen Tage eine echte Entspannung. Zunächst gehts auf der alten E 6 parallel zur neuen bis nach Selsverket. Hier gibt es eine alte Fabrik mit dem eindrucksvollen Wasserfall Ulafossen.

Pilger haben gegenüber Autofahrern den Vorteil, dass sie die Wucht von Wasser und Schlucht genießen können. Im Auto ist man an dieser Klamm vorbeigefahren, bevor man sie richtig wahrgenommen hat. Hinter Selsverket wechselt man auf die andere Straßenseite und gelangt zur schneeweißen Sel-Kirche. Hier steht ein Kilometerstein (284 km bis Nidaros), der bewusst macht, dass die Pilger schon gute 200 Kilometer von Hamar zurückgelegt haben.

Der Pilgerweg wechselt jetzt auf das westliche Ufer des Lågen und nimmt die Brücke in der Nähe der Kirche. Für die nächsten 10 km geht man die Uferstraße an Feldern und Wiesen entlang bis zum Mittelaltermuseum „Jorundgård“, das auch Pilgerherberge ist. Unweit des Hofes liegt die Nord-Sel-Kirche.

Kristin Lavransdatter

Die Figur der Kristin Lavransdatter kann Pilgernden entlang des Olavswegs immer wieder begegnen. Sie ist zum Symbol der Pilgernden in Norwegen geworden, nachdem die Künstlerin Elin Berg zwei Plastiken für die Neueröffnung des Wegs im Jahr 1997 geschaffen hatte. Kristin ist die Hauptfigur in dem historischen Roman gleichen Namens von Sigrid Undset, für den die Autorin 1928 den Literatur-Nobelpreis bekommen hat.

Der Ulafoss in Selsverket

In der Trilogie wird unter anderem Kristins Pilgerwanderung nach Nidaros detailreich beschrieben. Undset war als Recherche für den Roman den Spuren mittelalterlicher Pilger gefolgt und hatte den Weg in typischer Bekleidung vom Gudbrandsdal bis Trondheim zurückgelegt. Damit war sie faktisch die erste moderne Pilgerin auf Olavs Spuren.

Undset schrieb den Roman auf dem Husaby-Hof in Skaun, an dem heute der Olavsweg vorbeiführt. Auf Husaby erinnert man sich gerne an die skurrile Schriftstellerin, die leidenschaftlich Zigarren rauchte und Hosen trug, für die Damenmode der 20er-Jahre des 20. Jh. absolut untypisch.

Kristin unternahm die Pilgerwanderung als Bußübung. Die Kirche, die sie beim Ausblick auf das Ziel vor sich sah, war nicht der heutige Dom. Die Christkirche, so hieß der Nidarosdom im Mittelalter, war ein deutlich kleineres Gebäude und umfasste den Bereich von Chorumgang und Kreuzschiff mit seinen Kapellen. Der Dom in der Form, die wir heute sehen, wurde erst 1983 weitgehend fertiggestellt.

„Kristin Lavransdatter" wurde 1995 verfilmt (Regie: Liv Ullmann), die Gebäude des Jorundgard wurden als Filmkulisse gebaut.

Übernachtungen zwischen Otta und Nord-Sel

Grand Gjestegård Otta (288 km bis Nidaros):
Hotel, 800 m vom Weg entfernt im Zentrum vom Otta, alle Einkaufsmöglichkeiten.

Norlandia Otta Hotel (288 km bis Nidaros):
Hotel, 1 km vom Weg entfernt im Zentrum von Otta, alle Einkaufsmöglichkeiten.

Otta Turistsenter (285 km bis Nidaros):
Am Weg, Wohnung, Hütten, Abendessen und Frühstück.

Jorundgård Middelaldersenter (274 km bis Nidaros):
Nachbau eines mittelalterlichen Hofs, Kulisse des Films „Kristin Lavransdatter", günstige Herberge am Weg, Selbstversorgung (Laden in Sel 500 m), Abendessen möglich.

Sandbakken Camping (273 km bis Nidaros):
2 km vom Weg entfernt, Hütten, Dusche, Selbstversorgung.

Der Jorundgård

Von Nord-Sel-Kirche bis Budsjord (24 km)

Von der Kirche aus folgen wir dem Sigrid Undset-Vei in den Wald hinein. Nach gut 500 m ist der Weg für Pilger gesperrt. Sie sollen nicht die Eisenbahnlinie queren, deshalb gibt es einen neuen Weg nach rechts, der zwischen Fluss und Eisenbahn verläuft. Der Hang ist sehr steil hier und der Weg teilweise mit Stufen angelegt. Es geht ein Stück den Hang hinauf über einen Eisenbahntunnel. Man bleibt eine Weile auf dieser Seite der Schienen, gelangt dann aber wieder zum Fluss Rostå über eine Fußgängerbrücke, die die Bahn überquert. Nun geht man den alten Bahnarbeiterweg (Rallarveien) zu einem Grasweg. Hier hat man den „alten Königsweg" (Gamle Kongeveien) erreicht, der über das Dovrefjell nach Trondheim führt. Den geht

man 1,5 km und passiert einen Rastplatz mit Kreuz für Pilger („Ringen"). Ein Wirtschaftsweg führt weiter zum Hof Høgste. Das ist der höchste Punkt dieser Etappe.

Ab jetzt geht es gleichmäßig wieder hinab zu einer Fahrstraße, die zur Eisenbahn und zur E 6 führt. Nun kommt man an einigen Häusern sowie dem alten Hof „Rosten" vorbei und geht parallel zur E 6. An der Bushaltestelle die Straße überqueren und dann die Storrust-Brücke. Jetzt hat man die Kommune Dovre erreicht, eine der überaus engagierten Pilger-Gemeinden Norwegens. Pastor Hans-Jakob Dahl in Dovre ist Pilgerpastor und geht regelmäßig mit Gruppen auf geistliche Wanderungen im Dovregebirge. Am Waldrand ist ein Rastplatz. Hier geht der Weg in den Wald.

Wo es flacher wird, links und die nächsten 4 km auf der Straße bis Ryddøla laufen. Es geht steil rechts hoch, darauf einen Waldweg entlang, der allmählich ansteigt. Für die nächsten 5 km bleibt man auf dem Weg. Er ist teilweise nicht gut zu gehen, aber es gibt wunderbare Aussichtspunkte. Bei Langdalen ist wieder die Straße erreicht, die man jetzt bis Dovre geht. Um ins Zentrum (und zum Laden) zu gelangen, links über die Eisenbahnbrücke gehen.

Die Kirche von Dovre ist die einzige mit Schiefer bedeckte Kirche Norwegens. Ein Besuch lohnt sich. Der Pilgerweg führt aus dem Ortskern die Straße hinauf, unter der Eisen-

Weite – der Olavsweg im Dovrefjell

bahnlinie hindurch und links die Straße den Berg hoch. Rechts liegt eine Olavsquelle. Man sollte sich hier mit frischem Wasser versorgen. Gut 300 m hinter der Quelle passiert man den alten Königshof „Tofte“, überquert ein hübsches Bachtal und folgt den Wegweisern „Budsjord“ sowie „Gamle Kongeveien“ rechts den Berg hinauf. Nach weiteren 300 m hat man den historischen Hof Budsjord erreicht, der heute Museum, Café und Herberge ist.

Die Dovre-Kirche

Sie wurde 1736 in Kreuzform erbaut. Außen ist sie mit Schiefer, einem im Dovrefjell oft vorkommenden Gestein, verkleidet und ist damit die Einzige ihrer Art in Norwegen. Sie ist aus Blockbohlen errichtet, der Turm wurde im 18. Jh. ergänzt.

Die Kirche von Dovre

Toftegård

Dieser eindrucksvolle Hof oberhalb des Tals ist der alte Königshof und wird schon in der Saga von Harald Hårfagre erwähnt. Harald Haraldsson ließ hier gegen 1200 eine Kapelle errichten. Bis ins 16. Jh. war Tofte der Königshof und diente dem König und seinem Gefolge als Herberge auf dem Weg über das gefährliche Dovrefjell. Im Mittelalter war der Hof auch Pilgerherberge. Heute ist er leider nicht zu besichtigen.

Toftegård

Budsjord – ist eine historische Hofanlage mit Wurzeln im 13. Jh., die ursprünglich dem Bistum Hamar gehörte und dem Bischof als Übernachtungsort vor der Überquerung des Dovrefjells diente, so wie Toftegård der königliche Hof war. Heute ist der Hof Museum und Café. Er bietet einen fantastischen Ausblick über das weite Tal.

Budsjord-Hof

Traditionelle ländliche Gemütlichkeit in Budsjord

Übernachtung in Dovre

Vollheim Camping og Hytter (259 km bis Nidaros):
Direkt am Weg, Hütte, Dusche, Selbstversorgung (Laden in 800 m), günstige Unterkunft.

Dovreskogen Gjestegård (259 km bis Nidaros):
600 m vom Weg, Zimmer, Wohnung, Abendessen, Frühstück.

Toftemo Turiststasjion (248 km bis Nidaros):
An der E6, etwa 1 km vom Leden, Hotel, Hütten.

Budsjord (246 km bis Nidaros):
Hütte und Zimmer in historischen Gebäuden, Wohnen im Museum, gemütlicher Gastraum mit Service, uriges Sanitärgebäude auf dem Hof.

Engelshus (245 km bis Nidaros):
Direkt am Weg, Zimmer, Haus, Dusche, Abendessen und Frühstück werden angeboten.

Olavsquellen

Entlang des Olavswegs kommt man an unzähligen Quellen vorbei. Das Wasser ist trinkbar und schmeckt oft hervorragend. Einigen dieser Quellen wurden Wunderkräfte nachgesagt und sie wurden mit Olav in Verbindung gebracht. Der König selbst habe aus diesen Quellen getrunken oder er sei an ihnen vorübergezogen.

Uralter Gebetsaltar im Dovrefjell

Auch ohne Wunderwirkung ist eine Quelle ein wunderbarer Ort. Klares Wasser, das aus dem Felsen sprudelt, ist ein großartiger Durstlöscher. Viele Quellen weisen stark mineralhaltiges Wasser auf. Gesund ist es in jedem Fall.

ACHTUNG:
Hinter der Ortschaft Dovre beginnt die Überquerung des Dovrefjells. Zwischen Dovre und Oppdal (100 km weiter nördlich) besteht keine Möglichkeit, sich mit Lebensmitteln zu versorgen. Deshalb sollte der Supermarkt in Dovre (Tankstelle, Café, Kirche in der Nähe) genutzt werden, ausreichend Proviant einzukaufen. Unterwegs gibt es Cafeterien in Furuhauglie, Dovregubbens Hall, Hageseter, Hjerkinn Fjellstue, Kongsvold Fjellstue.

Gebet an einer Quelle

Ewiger Gott, Schöpfer des Himmels und der Erde.

Danke für das klare, reine Wasser,
eine Quelle für Leben und Gesundheit.

Danke, dass du die Quelle des Lebens bist
und dass du unsere Lebenskräfte erhältst.

Danke für das Bad der Taufe,
mit dem du uns zu deinen Kindern machst.

Lass deinen Geist in uns eine Quelle sein
für Lebendigkeit und Liebe zu deinen Geschöpfen.
Amen.

Von Budsjord bis Fokstugu (14 km)

Auf dem Weg von Dovre bis Oppdal (5-6 Tage) gibt es keine Einkaufsmöglichkeiten, deshalb muss man sich beim Supermarkt in Dovre ausreichend versorgen. In Hotels und Touristenhütten unterwegs erhält man warme Mahlzeiten sowie Frühstück.

Die Strecke dieses Tages verläuft über einen gut erkennbaren und perfekt markierten Gebirgspfad. Es werden etwa 600 Höhenmeter überwunden. Der Berg des Tages ist der „Hartbakken". Vom Parkplatz des Hofes auf die Straße nach links (Richtung Gamle Kongeveien), nach ca. 250 m rechts auf einen Wiesenpfad zu einer Furt über den Bach in einem Wäldchen, an einer Wiese entlang zur oberen Straße. Auf dieser Straße an einem schmucken alten Hof entlang und

durch eine Pforte dem Hinweis „Gamle Kongeveien" folgen. Jetzt führt der Weg über einen Karrenweg hinauf ins Gebirge. An dem Hinweispfosten „Ståkan" (Stock) vorbei ins offene Gebirge. Nun haben Sie die Baumgrenze erreicht. Der Stein „Bønnealteret" ist ein uralter Gebetsstein. Hier haben Reisende Gott um Hilfe angerufen für die tagelange Überquerung des Dovrefjells. Man sollte sich dort mit Wasser versorgen. Der Pfad knickt nach Westen ab und steigt kontinuierlich bis zu einem Plateau, auf dem mehrere lokale Wege sich treffen. Unterhalb des Hartbakken bleibt der Weg auf einer Höhe und erreicht „Allmanrøysa", einen alten Tingplatz, der durch einen Steinhaufen markiert ist.

Allmannrøysa – unter Pilgern ist es üblich geworden, einen Stein von zu Hause mitzubringen und an dieser Stelle als Symbol für persönliche Lasten (Sorgen, Schuld, Krankheit ...) abzulegen. Von Allmannrøysa kann man einen

Pilger legen Steine ab – Allmannrøysa

fantastischen Blick über die Hochebene des Dovrefjells mit dem Fokstugu-Moor und den schneebedeckten Bergen des Dovregebirges (nordwestlich), Jotunheimen (südwestlich) und Rondane (südlich) genießen.

Von hier steigt der Weg kontinuierlich bis nach Fokstugu ab, das bereits gut erkennbar ist. Es sind zwei Flüsse, der Veslhondyrju und der Hondyrju, zu überqueren. Dem Leden bis zur Sandstraße folgen, auf ihr über die Brücke gehen und nach links den markierten Weg zum Hof Fokstugu.

Man betritt den Hof über eine rote Holzbrücke, die den historischen Wegverlauf markiert. Auf dem Fokstugu-Hof gibt es eine 2010 geweihte Kapelle, die Gamle Karstua, ein Nachbau des ursprünglichen Hauses, das Pilgern als Herberge diente. Hofeigner Laurits läutet zu den Gebetszeiten morgens und abends. Unterhalb des Hofes ist das weite Fokstugu-Moor zu sehen, das selbst im naturreichen Norwegen einzigartig ist und viele seltene Vogelarten beherbergt. Spaziergänge auf festgelegten Wegen sind möglich.

Übernachtung in Fokstugu

Fokstugu-Fjellstue (234 km bis Nidaros):
Gästehaus von 1900 mit liebevoll eingerichteten Zimmern, Dusche, Selbstversorger-Küche (Essensangebot vorhanden), offene Kapelle auf dem Hof, Möglichkeit zur Retreat.

Fokstugu – Pilgern zum weißen Stein

Das erste Etappenziel im Dovrefjell ist für viele Pilgernde die „Fokstugu-Fjellstue“. Dieser höchstgelegene ganzjährig betriebene Bauernhof Norwegens ist als Wetterstation im ganzen Land bekannt. Fok bezeichnet den waagerecht fallenden Schnee, die massive Schneeverwehung. In der Tat wehen ab Oktober bis in den Mai hinein die Schneemassen aus dem Foksåtal direkt auf das Hofgelände und sammeln sich hier zwischen den Gebäuden bis zu 12 m Höhe.

Fokstugu ist in vielerlei Hinsicht ein besonderer Ort. Um die Wende vom 19. zum 20. Jahrhundert errichtete der Großvater des jetzigen Hofinhabers Laurits hier ein Hochgebirgshotel, das schon bald zu einem luxuriösen und besonders beliebten Urlaubsziel der norwegischen Oberschicht wurde. Hier war die Luft wunderbar rein, während die Städte mit der aufkommenden Industrialisierung vollkommen versmogt waren.

Die alten Hotelgebäude stehen noch, ebenso der einen Kilometer entfernte Bahnhof. Zwei der weißen Holzgebäude dienen heute als Pilgerherberge und in der Stube der Fjellstue hängen Bilder der Maler, die hier ihre Urlaube verbrachten, zum Beispiel Edvard Munch.

Heute ist Fokstugu wieder ein besonderer Rekreationsort:

Gruppen der norwegischen Streitkräfte verbringen hier Entlastungszeiten für traumatisierte Soldaten und Soldatinnen, etwa nach einem Auslandseinsatz. Auch die norwegische Polizei nutzt Fokstugu für Auszeiten in der Natur und Pilgerwanderungen. Einen besonderen Namen aber hat sich Fokstugu bei den norwegischen Gefängnissen gemacht: Jedes Jahr sind mehrere Gruppen von Häftlingen mit den Gefängnispastoren hier, um in der Natur zu sein. Auf langen Wanderungen kommen Menschen zu sich und beginnen über ihr Leben und ihre Hoffnungen zu sprechen. Die Kapelle „Gudshuset" mit dem weißen Stein unter dem Altar ist zu einem Verwandlungsraum für viele Menschen geworden. Hier sind schon viele Tränen geflossen.

Menschen fangen an, sich und ihre Gedanken zu klären. Die Gebetszeiten und die Zuwendung der Hofleute Christiane und Laurits helfen vielen Besuchern, sich neu zu finden. Sie erleben, dass sie willkommen sind in der Welt trotz allen Brüchen, Schuld und Versagen, das sie belastet.

Die „Pilgerwanderungen zum weißen Stein" sind ein Angebot, das Fokstugu nicht nur Häftlingen, Soldaten und Polizisten macht, sondern jede/r ist willkommen, eine Weile auf Fokstugu zu verbringen wie ein Retreat. Mehr Informationen bietet die homepage www.fokstugo.no.

Den gesamten Sommer über gibt es auf Fokstugu dienstbereite Geistliche: Pastoren und Pastorinnen der norwegischen Kirche, aber auch Bischöfe und Bischöfinnen im Ruhestand verbringen gerne eine Woche als Seelsorger für Pilgernde jeder Art.

Laurits läutet zuverlässig den Angelus zu den festen Zeiten um 8, 12 und 18 Uhr. Und zu diesen Zeiten wird im Gudshuset gebetet.

Fokstugu – eine geistliche Herberge.

Sommernacht über der Fokstugu-Fjellstue

Die Kapelle auf Fokstugu

Die Bischöfin von Hamar hat 2010 die kleine privat gebaute Kapelle auf dem Fokstugu-Hof geweiht. Sie steht exakt an der Stelle, wo einst das Sælehus als Pilgerunterkunft stand. Laurits Fokstugu hat das „Gudshuset" (Gotteshaus) mit Sohn Erlend und Bruder Ragnar errichtet. Mehrere Gegenstände in der Kapelle (Menora, Weltkugelleuchter) wurden von Häftlingen geschmiedet, die mit ihrem Gefängnispastor auf dem Olavsweg gepilgert sind. Fokstugu hat sie tief berührt und sie wollten dem Ort etwas Gutes zurückgeben.

Die Kapelle ist jederzeit für Pilger und Reisende offen.

Kapelle und Glockenscheune auf Fokstugu

Saelehus – die Chance zu überleben

Wer aus der Mjøsa-Ebene und dem Gudbrandsdal nach Nidaros reisen will, muss das Dovrefjell überqueren. Solche Reise war zu allen Zeiten lebensgefährlich, denn die gut 100 km zwischen dem Ort Dovre und der Kleinstadt Oppdal führen über offenes Gebirge, gefährliche, oft unpassierbare Täler und boten keinerlei natürlichen Schutz. So ließ König Eystein Magnusson gegen 1100 n. Chr. vier Saelehus am Königsweg „Kongeveien“ (heute gleichzeitig Olavsweg) errichten, die Mensch und Tier Schutz bieten sollten.

Die Saelehus lagen im Abstand einer Tageswanderung und hatten eine Feuerstelle, Schlafplätze sowie Lebensmittel. Die je nächstgelegenen Höfe waren verpflichtet, diese Hütten mit Brennmaterial, Nahrungsmitteln und Viehfutter auszustatten. Hinzu kam, dass die Hofbesitzer in jedem Frühjahr die Leichen verstorbener Reisender und Pilger aufsammeln und würdig bestatten mussten. Der König kam für die Kosten der Saelehus auf. Die vier Saelehus waren Fokstugu, Hjerkinn, Kongsvold und Drivstugu.

Dem Saelehus-System folgte im 19. Jh. das Netzwerk der „Fjellstua“, Gasthäuser an der Dovrestraße. Im Ort Dovre verfügten sowohl der König (Toftegård) und der Bischof (Budsjordgård) über eigene Höfe, wo sie sich auf die lebensgefährliche Dovrefjell-Überquerung vorbereiten konnten.

Ein nach alten Plänen neu errichtetes Saelehus dient heute auf dem Hof Heverstølen (Rennebu) als Pilgerherberge. Es ist das Saelehus, in dem Prof. Børge Dahle mit Studierenden vor und während der Winterspiele 1994 in Lillehammer gelebt und geforscht hat. In diesem Saelehus wurde in dem Zusammenhang auch über die Wiederbelebung des Pilgerns in Norwegen nachgedacht.

Wegmarke in der Tundra des Dovrefjells

Von Fokstugu bis Hageseter (18 km)

Der Olavsweg steigt gute 100 m an und verläuft dann auf der Höhe als schmaler, gut markierter Pfad. Etwa 500 m nach Beginn des Anstiegs dem Wegweiser nach links folgen. Der breitere Wanderweg führt direkt ins Gebirge hinein. Der schmale Gebirgspfad nach Norden passiert feuchte Stellen und kann über Schneefelder führen.

Nach etwa 7 km erreicht man ein Plateau mit Steinhaufen. Unterhalb des Plateaus liegt Furuhaugli, das man von hier nicht sehen kann. Als Pausenort eignet sich Furuhaugli-Turisthytte sehr: Es gibt die Möglichkeit, bei Regen Schutz zu bekommen sowie warmes Essen und Kaffee zu kaufen. Furuhaugli liegt etwa 200 m links vom Leden in einer Senke.

Vom Plateau mit den Steinhaufen führt der Weg zum Teil auf Bohlen über ein malerisches weites Moor unterhalb des Mehøe. Hier gibt es Hinweistafeln auf das Permafrostgebiet Dovrefjell, das das südlichste seiner Art in Europa ist. Über einen hübschen Weg zwischen Birken und mit einem Bach an der Seite steigen die Pilger hinab zum Avsjø. Hier kommt man an Spuren bronzezeitlicher Besiedelung vorbei, die markiert sind. Der Pilgerweg führt am Ostufer auf einem attraktiven Weg über bewachsene Sandhügel um den See. Hier wimmelt es von Elch- und Rentierspuren und man bekommt ein Gefühl dafür, dass der Mensch in dieser grandiosen Landschaft Gast ist.

Der Weg bleibt am Ostufer der Folla, die aus dem Avsjø gespeist wird. Nach zwei Kilometern im mühsam zu gehenden, aber flachen Gelände steigt der Weg noch einmal deutlich an, bevor er auf einem weiten Plateau oberhalb der Folla das alte Almgebiet „Gammelseter“ erreicht, das schon vor mehreren Tausend Jahren besiedelt worden ist. Von hier ist es noch eine gute halbe Stunde bis „Hageseter“.

Wer bis Hjerkinn weitergehen will, sollte für das nächste Wegstück 2-3 Stunden einplanen. Der nächste Bahnhof liegt in Hjerkinn.

Übernachtung im Dovrefjell

Furuhaugli Turisthytte (228 km bis Nidaros):
Hütten, Gasthaus.

Dovregubbens Hall (224 km bis Nidaros):
1 km vom Leden, große Touristenanlage an der E 6 mit Hütten und Wohnungen, Restauration.

Hageseter Turisthytte (216 km bis Nidaros):
Hütten, Gasthaus.

Hjerkinn-Fjellstue (212 km bis Nidaros):
500 m östlich der Eystein-Kirche, Hotel, für Pilger günstige Zimmer im Anneks, Sauna.

Hjerkinnhus Hotel (212 km bis Nidaros):
1,8 km vom Leden, direkt am Bahnhof, Zimmer, Hütte.

Dovre-Pilgerzentrum Hjerkinn:
Eins von drei regionalen Pilgerzentren, direkt am Bahnhof Hjerkinn, Übernachtung, Cafeteria, Stilleraum, veranstaltet die jährlichen Dovre-Pilgertage mit eigenem Programm. Ansprechpartner: Pilgerpastor Hans Jakob Dahl

Die Anfinn-Brücke bei Dovregubbens Hall

Die Anfinn-Brücke und pilgernde Häftlinge

Unscheinbar neben der E 6 liegt bei Dovregubbens Hall am Nordende des Vålåsjø eine alte Steinbrücke. Einst führte die Straße nach Trondheim über diese Brücke, die ein Mann aus Dovre mit eigenen Händen gebaut hatte: Anfinn. Er war für die Tötung eines anderen Mannes verurteilt worden und saß im Gefängnis von Dovre in Dombås. Dem Lensmann war der Dauergast lästig. Er kostete die Gemeinschaft nur, brachte ihr aber keinen Nutzen. So kam er auf die höchst moderne Idee, Anfinn zu resozialisieren. Er sollte etwas Nützliches tun, um dann begnadigt zu werden.

So überlegten Anfinn und der Lensmann, was zu tun sei. Da besonders im Frühjahr der Weg im Gebirge am Vålåsjø kaum passierbar war, sollte eine Brücke Abhilfe schaffen. Anfinn nahm sich dieser Aufgabe an, baute eine robuste Steinbrücke und sorgte für sichere Passage. Das brachte ihm Anerkennung in Dovre und über die Region hinaus. Er büßte für seine Tat, wurde begnadigt und lebte bis zu seinem Tod als anerkannter Bauer in Dovre. Diese Idee macht sich die norwegische Justiz auch heute zu eigen.

Gefängnispastoren pilgern mit Häftlingen von Hamar nach Trondheim und nutzen die körperlich-seelische Anstrengung sowie Veränderungsprozesse beim Pilgern für Resozialisationsarbeit. Einer der ehemaligen Häftlinge ist heute Pilgerführer auf dem Olavsweg und glühender Anhänger der Pilgerarbeit. Die Kapelle auf dem Fokstuguhof ist mit einigen Kunstwerken von pilgernden Häftlingen ausgestattet.

Die Idee des Pilgerns mit Häftlingen liegt auch meinem PilgerKrimi „Familienbande" (vgl. www.glaubenssachen.de) zugrunde, den ich 2001 geschrieben habe. Damals gab es noch keine pilgernden Häftlinge in Norwegen.

Von Hageseter bis Kongsvold (18 km)

Diese Strecke führt von Hageseter eine Weile ostwärts und überquert einen breiten Fluss auf einer Holzbrücke. Jetzt ist der Leden ein gut erkennbarer Pfad im Wald und streift den archäologisch wichtigen Platz Vesle Hjerkinn. Dort konnte eine sehr frühe Besiedelung nachgewiesen werden. Heute ist hier der Grundriss eines Saelehus zu sehen, das Pilgern im Mittelalter als Herberge diente. Über eine weitere Holzbrücke quert man die Folla und gelangt zu einem Parkplatz an der alten Europastraße. Von hier folgt man dem Weg bis zur Eystein-Kirche, die nach König Øystein Magnusson benannt ist und 1969 als Wegkirche für Naturliebhaber und Reisende geweiht wurde. Die Eystein-Kirche ist im Sommer täglich geöffnet und freundliche

Offen für Pilger: die Eystein-Kirche in Hjerkinn

Blick zurück vom Hjerkinn-Hø

Menschen aus der Gemeinde geben gerne einen Pilgerstempel. Hinter der Kirche steigt der Olavsweg steil durch einen Wald den Hjerkinn-Hø hinauf.

An seinem für diesen Tag höchsten Punkt passiert der Weg eine steinerne Wegmarke. Schnurgerade führt er nun zu einem Parkplatz an der E6. Bei „Porten" überschreitet der Pilger die Fylkes-Grenze von Oppland nach Sør-Trøndelag und befindet sich jetzt auf dem Gebiet des Nidaros-Bistums. Vom Parkplatz steigt der Weg ostwärts an und führt zu einem eindrucksvollen Plateau mit großartiger Aussicht auf Driva, Snøhetta und Knudshøa.

An markanten Schluchten vorbei gelangt man jetzt in den Hochgebirgsgarten von Kongsvold, dem alten Königshof am südlichen Ende der dramatischen Drivaschlucht.

Kongsvold-Fjeldstue ist ein historisches Hotel mit eigenem Bahnhof, an dem die Schnellzüge auf Wunsch halten, und einer Tradition, die auf das 11. Jahrhundert zurückgeht. Die gegenwärtigen Gebäude stammen von 1720 und gehören zum norwegischen Kulturerbe, das mit der „Olavsrose" markiert ist.

Übernachtung in Kongsvold

Kongsvold-Fjeldstue (198 km bis Nidaros):
Eindrucksvolles historisches Hotel mit großer Geschichte. Zum Hotel gehört ein Ensemble unterschiedlich alter Gebäude. Sternerestaurant und Cafeteria. Mit etwas Glück kann man vom Hotelhof Moschusochsen auf dem gegenüberliegenden Berggrat ziehen sehen. Ausstellung zum Dovrefjell im Cafeteria-Gebäude. Pilger bekommen einen Rabatt von 25 % auf die Übernachtung. Frühstück inkl.

127

Gehobene Gastlichkeit: Kongsvold-Fjeldstue

Keltischer Segen

*„Der Morgen begrüße dich
mit Sonnenschein.*

*Der Mittag stimme dich fröhlich,
dass du am Abend
zufrieden auf deinen Tag
zurückschauen kannst.*

*Die laue Nacht erquicke dich
mit erholsamem Schlaf.
Gottes Segen umhülle dich."*

Von Kongsvold bis Ryphusan (20 km)

Diese Etappe führt in das malerisch-dramatische Tal der Driva, das Maler und Abenteurer angezogen hat und mit dem Alpental Via Mala vergleichbar ist. Der Weg führt über einen schlechten, schmalen Pfad durch Wald direkt vom Kongsvold-Hof parallel zur E 6 zum Parkplatz „Vårstigen“. Alternativ empfiehlt sich, dieses etwa 3 km lange Wegstück auf der Europastraße zu gehen. (Warnweste tragen!) Am Parkplatz beginnt der „Vårstigen“, jener sagenumwobene Frühlingsweg, der in den Felsen getrieben worden ist, um in den Zeiten der Schneeschmelze einen sicheren Weg von und nach Nidaros zu schaffen. Dieser schmale Weg,

Ausblick von Tingvaet auf dem Vårstigen

der einst mit Karren und Kutschen befahren worden ist, führt steil den Hang hinauf bis Tingvaet, ein alter Versammlungs- und Lagerplatz. Hier sollte man verweilen und den atemraubenden Ausblick sowie das weiche Moos genießen.

Der Vårstigen bleibt jetzt auf der Höhe und macht seinem Namen alle Ehre. Hier ist der Frühling mit Blütenpracht, Birkenwald und Quellen auch im Sommer zu erleben. Der gut begehbare Weg führt an alten Siedlungsplätzen und Bergwerken auf einer Brücke über den Vårstigfoss, einen breiten Wasserfall. Gleich dahinter biegt der Leden steil nach rechts ab und mutet den Pilgern noch einen steilen Anstieg bis zum Plateau der Vårstigseter (Alm) zu.

Der nächste Wegabschnitt ist feucht, aber flach, und der Leden trifft nach ca. 3 km eine Fahrstraße. Diese steigt über die nächsten 4 km kontinuierlich an, bevor sie kurz vor dem Ziel Ryphusan in Serpentinen ins Drotningsdal führt. Das Refugium Ryphusan ist immer geöffnet, das Plumpsklo liegt auf der Rückseite des Gebäudes. Auf der kleinen Alm gegenüber kann man im Sommer Rømme erwerben.

***Thomas von Aquin:** „Die Schöpfung ist die erste und vollkommene Offenbarung des Göttlichen.“*
***Bernhard von Clairvaux:** „Glaube mir, du wirst mehr in Wäldern finden als in Büchern.“*

Übernachtung in Ryphusan

Refugium Ryphusan (178 km bis Nidaros):
Einfache Selbstversorger-Hütte mit 10 Matratzen, nicht vorbestellbar, Toilette hinterm Haus, Notplatz im Anbau.

Ryphusan, Refugium im Hochgebirge – Herberge am Gebirgsbach Vinstra

Vårstigen – der Frühlingsweg

Das enge Drivdal war für Reisende vieler Generationen die einzige Möglichkeit, vom Dovrefjell hinab nach Nidaros zu gelangen. Die Wassermassen im Frühjahr machten die Passage auf dem Grund der Schlucht unmöglich. So wurde vor der engsten Stelle der Schlucht ein Karrenweg in den östlichen Felshang getrieben, der steil ansteigt und dann gut 150 Meter über den wilden Wassern der Driva am Berghang verläuft.

Der Pilgerweg verlässt den Vårstigen etwa auf dessen halber Länge, um weiter hinauf auf die Vårstigalm zu steigen. Entlang des Vårstigen gibt es Reste von Bergbau und Almwirtschaft zu sehen. Eine Rast auf der ebenen Fläche Tingvaet mit grandiosem Ausblick sollte man sich gönnen.

Steiler Aufstieg: Vårstigen

Von Ryphusan bis zur Oppdal-Kirche (24 km)

Der Weg verläuft entlang der Vinstra etwa 10 km bis Brustølen. Unterwegs gibt es manch attraktiven Blick in Seitenschluchten. Der Weg führt zu einer Holzbrücke hinab und anschließend gleich wieder bergan zu einem alten Specksteinbruch (Limstenberga). Von hier oben reihen sich die großartigen Ausblicke in die Klamm der Vinstra aneinander. Der Weg erreicht eine Straße, der er folgt, und führt nach gut 2 km rechts auf eine ausgedehnte Weide (Kühe!) hinab. Über den alten Rishof, auf dem eine Pilgerkapelle steht, gelangt man auf einen Asphaltweg und folgt diesem bis zur Brücke über die Bahn. Anschließend biegt man rechts ab und geht parallel zur Bahnlinie über Höfe, Wiesen und durch Wälder bis etwa 3 km vor Oppdal-Zentrum. Der Pilgrimsleden überquert die E 6 und steuert auf die Oppdal-Kirche zu. Wer direkt ins Zentrum von Oppdal möchte, muss hier an der E 6 entlanggehen. Der Weg zur Kirche verläuft auf lokalen Straßen und an historischen Grabfeldern vorbei, die z.T. aus frühgeschichtlicher Zeit (5. Jh.) stammen. Das Vang-Gräberfeld ist das größte seiner Art in Norwegen. Es liegt etwas südwestlich des RV 70.

Oppdal-Kirche (154 km bis Nidaros) steht an der Stelle einer mittelalterlichen Stabkirche. Die heutige kreuzschiffige Kirche wurde 1651 geweiht und von reisenden Tischlern und Kirchenkünstlern ausgestattet. Das Pastorat befindet sich auf der gegenüberliegenden Straßenseite.

Mikaelskapelle – die Landschaft als Altarbild

Auf der Hälfte des Wegs von Ryphusan (Dovrefjell) nach Oppdal treffen die Pilgernden auf eine neu gebaute Holzkapelle mit Glockenturm. Die Bauersleute auf Rise haben diese Kapelle gemeinsam mit der Olavs-Pilgervereinigung Oppdal errichtet, um Pilgernden einen reizvollen Gebetsort zur Verfügung zu stellen.

Es ist ein ganz besonderer Raum entstanden, in dem gut 20 Personen Platz finden. Sie können auf Stufen hintereinander sitzen und das großartige Altarbild anschauen.

Hinter dem groben Holzklotz des Altars öffnet sich ein bodentiefes Fenster, das den Blick in die Landschaft freigibt. So ist die weite Ebene von Oppdal mit den großartigen Bergen im Hintergrund Sinnbild für Gottes Schöpfung.

Vor diesem echten Landschaftsbild hängt ein blaues Glaskreuz und zeigt, in wessen Namen man sich hier versammelt.

Blaues Kreuz vor Landschaft

Diese Kapelle wurde auf einem Wiesenhang des Risehofes errichtet, wo im Mittelalter ein Grabfeld lag. In einem Grab fanden Archäologen Pilgermarken, die sowohl ein Bildnis des Heiligen Olav ziert wie ein Schutzbild des Erzengels Michael. Auf dessen Namen ist die Kapelle geweiht.

Meditation an der Mikaelskapelle

Nehmt Platz, Pilgernde, und schaut, was Gott vor euren Augen ausgebreitet hat. Er sprach, nachdem sein Werk vollendet war: Siehe, alles ist sehr gut.
Was alles gut ist? Wofür bin ich dankbar?
Und in der Schöpfung das Kreuz in Himmelblau.
Durch Unfertiges und Mangel, durch Schuld und Versagen begleitet uns Gottes Freund, der Christus.
Er nimmt uns Pilgernde, wie wir sind, und sagt: Lass dich versöhnen, mit Gott, mit dir selbst und miteinander.
Versöhnung – wo kannst du sie brauchen?
Nun mach dich auf den Weg, versöhnt und im Frieden.
Pax et bonum. Und vergiss nicht zu stempeln.
Mögen Engel um dich sein.

(Bernd Lohse)

Übernachtung in Oppdal

Oppdal Gjestun (152 km bis Nidaros):
Selbstversorgerzimmer, 1-6 Personen, Frühstück möglich.

Vekve-Hyttetun (151 km bis Nidaros):
Liegt mitten im Zentrum Oppdals, ein Ensemble aus sechs Vierbett-Hütten mit Küche und Bad.

Sletvold Stølen hotell og apartments (150 km bis Nidaros):
Direkt am Pilgerweg, am Skigebiet unterhalb des Blåøret, Hotel und Selbstversorgerzimmer, Restaurant.

Imi-Stølen (148 km bis Nidaros):
Campinghütten mit je vier Betten, Dusche, Toilette, 3 km von Oppdal-Zentrum entfernt, direkt am Weg.

Von Oppdal bis Hæverstølen-Gård (30 km)

Ganz gleich, wo man in Oppdal übernachtet, die nächste Etappe beginnt auf der Straße „Gamle Kongeveien“ unterhalb des Berges Blåøret. Diese Straße geht man, bis etwa einen Kilometer hinter dem Sletvollen-Hotel eine Straße links den Berg zur Siedlung Stølen hinaufführt. Hier kommt der Pilger zur uralten Straße „eldste Kongeveien“, dem ältesten Königsweg. Diese Wegstrecke ist bildschön und erreicht etwa nach drei Kilometern (kurz hinter dem Hinweis auf die Pilgerherberge Bjørklia Gård) die Fahrstraße.

Von hier an verläuft der Olavsweg auf der wenig befahrenen Schotter-Straße. Kommt man an die Brücke über den breiten Fluss Gisna, ist die Kommune-Grenze von Oppdal und Rennebu erreicht. Von der Brücke sind es gut drei Kilometer bis zur Herberge Langklopp und sechs bis nach Haeverstølen, einer sehr alten, schmucken Hofanlage, in der ein restauriertes Sælehus als Pilgerunterkunft dient.

Hæverstølen und das Pilgern

Eigentümer des Hofes sind Unni Larsen und Børge Dahle. Sie ist Lehrerin in Rennebu, er Professor an der Sporthochschule in Oslo und lehrt den Schwerpunkt „Friluftsliv“. Gemeinsam mit seiner Frau, seinem Sohn und mehreren Bauern aus Rennebu hat Dahle das Projekt „Barnas Naturverden“ ins Leben gerufen, das Eltern und Kinder vertraut machen soll mit einem Leben in der Natur. Drei schlichte Selbstversorgerhütten im Stil des Sælehus stehen den Familien jederzeit offen. Die markierten Wege sind so angelegt, dass Kinder sie gut schaffen können.

Erfahrungen bedenken und notieren im Sælehus (Hæverstølen)

Gemeinsam mit Altbischof Finn Wagle gehört Børge Dahle zu den geistigen Vätern des Pilgrimsleden/Olavswegs. Der Hof Hæverstølen soll ein Beispiel für die gelungene Verbindung von Traditionen, naturnahem Leben und Moderne sein. Er ist ein inspirierender Ort für Pilger und auch einen Besuch wert, wenn man hier nicht übernachtet.

Friluftsliv

Tief in der norwegischen Seele verwurzelt ist „Friluftsliv", das Leben und Unterwegssein draußen in der Natur, Reduktion auf das Wesentliche und die Verbindung der eigenen Seele mit dem Großen und Ganzen des Schöpferwerks. Friluftsliv ist mehr als ein Lebensstil, es ist eine Haltung mit tiefem spirituellem Grund. Die Seelen vieler Norweger sind tief verbunden mit Natur und bäuerlicher Tradition des Landes. 87% der norwegischen Bevölkerung betreibt Friluftsliv in der einen oder anderen Form. Achtung und Pflege der bäuerlichen Kultur (kulturminne) hat in Norwegen Verfassungsrang. Norwegen ist ein hochmodernes Land, das seine kulturellen und spirituellen Wurzeln sehr bewusst pflegt. Modernität und Tradition – in Norwegen ist das kein Widerspruch, sondern eine weise Kombination.

Friluftsliv gehört dazu. Es geht um bewusstes Leben inmitten des „Überschusses der Natur" (Philosoph Arne Næss), einen naturfreundlichen Lebensstil ohne Konkurrenzkampf oder Kampf gegen die Natur. Der Verzicht auf motorisierte Hilfsmittel und dafür die Fortbewegung in der Natur aus eigener Kraft (Wandern, Laufen, Skilaufen, Radfahren, Paddeln, Klettern, Schneeschuhgehen) sind zentrale Gedanken. Es geht immer um den vollen Körpereinsatz, aber nicht um Leistungsgedanken und sportlichen Wettkampf.

Genießen, Verweilen, Staunen, achtsames Dasein und Ausruhen sind wesentlich für Friluftsliv. Immer spielt auch die Verbindung zur traditionellen norwegischen Lebensart eine Rolle. Unterkünfte sollen einfach und möglichst traditionell sein (Hütten, Blockhäuser, Gapahuks). Auf diese Weise werden auch viele uralte Gehöfte gepflegt. Erhalten durch Nutzen, die Grundidee norwegischen Denkmalschutzes.

Friluftsliv fördert das Wohlbefinden, die Freude und Entspannung. Das Wort „Lebensqualität" ist im Zusammenhang mit der Friluftsliv-Idee in den 60er-Jahren entstanden.

Henrik Ibsen war der Erste, der das Wort „Friluftsliv" benutzte. In seinem Gedicht „Vidda" heißt es:

„Hier oben sind meine Gedanken stark, nur auf der Hochebene fühl ich mich wohl. In der schlichten Hüttenstube all meine wertvollen, gesammelten Fänge. Da stehen der Hocker, der Ofen. Friluftsliv für meine Gedanken."

Der norwegische „Allmannsretten" von 1957 hält fest:

„Jedem Menschen wird das Recht auf persönliche Erfahrungen und Erlebnisse beim Nutzen der Natur eingeräumt."

Der norwegische Philosoph Nils Fårlund formulierte Gedanken über die Notwendigkeit, Friluftsliv auch im Rest Europas bekannt zu machen: „Friluftsliv – a way home. Europas Kulturen haben sich entfremdet von der wahren Heimat der Menschen und vergessen es, den Sinn für die freie Natur als wahrem Zuhause zu schaffen. Es gibt aber Wege aus der Krise: der Sinn für Freude mit und in der Natur."*

Die Unterstützer der norwegischen Ökophilosphie (Tiefenökologie) haben das Ziel, zum Schutz der Fülle und Vielfalt des Lebens auf der Erde beizutragen. „Dieses Bemühen gründet in unseren lebensphilosophischen und religiösen Anschauungen", schrieb Arne Næss. So hat das Leben immer Vorrang und die Nähe zu Schweitzers Ethik der „Ehrfurcht vor dem Leben" ist sehr bewusst. So schreibt Næss weiter: „In Kombination mit Nicht-Gewalt-Ethik voller Liebe und Respekt sind wir immun gegen Fanatismus."

Auf dem Olavsweg kann man einem der bedeutendsten Vertreter der Ökophilosophie begegnen: Børge Dahle. Er war Professor für „Friluftsliv" an der Universität in Oslo.

* Nils Fårlund in „Nature – the true home of culture", Oslo 1994

Dahle hat für die Olympiade in Lillehammer 1994 das Konzept für „ökologische Spiele" mit entwickelt. Dabei entstand auch die Idee des modernen Pilgerns in Norwegen und Børge Dahle trug sie in den Ökophilosophischen Rat und die Öffentlichkeit. Denn Pilgern ist Friluftsliv pur.

Barnas Naturverden

Kinder und Eltern mit dem Naturerleben vertraut zu machen ist die Idee, die hinter „Barnas Naturverden" (Kinder-Naturwelt) steckt. Markierte Wanderwege im Gebirge, die in Länge und Schwierigkeit kindgerecht sind, sowie einfache Übernachtungen in drei unverschlossenen Sælehuse an Seen sollen Kindern und Eltern schöne Eindrucke in die Attraktivität des „Friluftsliv" geben.

Übernachtung

Langklopp-Fjellgård (129 km bis Nidaros):
Direkt am Weg, Pferdehof für Kinder, Hütte oder Zimmer, teilweise sehr einfach ausgestattet, die Besitzerin Helene Wessel kocht aber sehr gut.

Hæverstølen-Gård (126 km bis Nidaros):
Eindrucksvolle alte, schöne Hofanlage direkt am Weg, Unterkunft im historischen Saelehus oder in Hütten, liebevoll eingerichtet, Waschmaschine und Duschen.

„Gott schläft in den Steinen, träumt in den Tieren, atmet in den Pflanzen und erwacht im Menschen." (Upanischaden)

140

Der Weg über die Berge mit großartigen Ausblicken

Von Hæverstølen-Gård – Meslo-Gård / Rennebu (19 km / 22 km)

Die nächste Etappe kann auf zweierlei Weise begangen werden: Der markierte Pilgerweg verläuft weite Strecken über Straße und Waldwege hinab ins Orklatal, wieder hinauf zum nördlichen Hang und zeitweilig auf der Höhe und neben der Straße (RV 700) zum Meslo-Hof.

Die alternative Strecke ist landschaftlich reizvoll und verläuft im offenen Gebirge auf den Wegen von „Barnas Naturverden“ (vgl. vorherigen Abschnitt) von Hæverstølseter zum See Damtjønna, von dort über Moorwege und eine Traktorstraße zum Gunnes-Hof im Orklatal und über eine alte Hofbrücke zur RV 700 sowie zum Meslo-Hof. Bei unsicherem Wetter ist die Alternativstrecke kaum zu empfehlen. Sie ist etwas länger, aber sehr viel eindrucksvoller.

Markierte Strecke (19 km)

Entlang der Straße mit einem kleinen Schlenker in ein Waldgebiet bis Brattset. Dort dem gut markierten Weg in ein Waldgebiet folgen. Von hier aus kann man Berkåk nordöstlich liegen sehen. Der Weg quert mehrmals einen Traktorweg und fällt steil hinab zur Orkla. Die Brücke überqueren und am gegenüberliegenden Hang steil hinaufsteigen. Hier verläuft der Weg oberhalb einer Klippe und senkt sich nach einem Kilometer wieder hinab ins Tal.

Die letzten zwei Kilometer bis zum Meslo-Hof geht man an der Straße 700. Der Meslo-Hof liegt rechts und ist gut als Pilgerherberge markiert. Ingrid Meslo ist eine fröhliche und überaus freundliche Gastgeberin, die sehr gut kocht.

Alternativstrecke über Hæverseter und Damtjønna (22 km)

Direkt gegenüber dem Hof Hæverstølen das Waldgebiet betreten und dem mit einem roten Punkt markierten Pfad folgen. Dieser Weg ist teilweise sehr feucht und führt bis zum Wasserfall unterhalb der Hæverfall-Alm. Die eingezäunte Alm betreten und überqueren. Der Beschilderung nach Damtjønna/Gunnes folgen. In Hæverstølen kann man eine Streckenkarte über „Barnas Naturverden" bekommen.

Der Weg führt über niedrige Wälder und Felsplateaus, viele Moore und an lieblichen Seen vorbei bis zur geöffneten Hütte am Damtjønna. Ein Abstieg nach zwei Dritteln des Wegs ist mit einem Seil gesichert. Der Weg nach dieser Stelle geht linker Hand weiter. (Nicht rechts gehen!) Eine Jagdhütte muss passiert werden, bevor das Sælehus Damtjønna in Sicht kommt. Von dort dem Wegweiser Richtung Gunnes folgen. Nach ca. 2 km erreicht man einen Traktorweg, dem man in vielen Serpentinen bis zum Hof Gunnes an der Orkla folgt. Den Hof überqueren und die Brücke zur Straße RV 700 nehmen, links die Straße entlang, bis in weniger als 1 km rechter Hand der Meslo-Hof erreicht ist.

Übernachtung in Rennebu

Gjestehus Havdal (123 km bis Nidaros):
Schullandheim am Pilgerweg, Zimmer mit Dusche, Verpflegung, Waschmaschine.

Berkåk Veikro og Gjestegård (116 km bis Nidaros):
Pensionat und Hütten direkt in Berkåk an der E6, ca. 4 km östlich des Weges.

Meslo-Gård (107 km bis Nidaros):
Gepflegter Bauernhof mit vielen Gästezimmern, liebevolle Pilgerherberge direkt am Weg.

Vom Meslo-Hof geht man einen halben Kilometer an der Straße. Der Pilgerweg biegt dann rechts ab, den Hang hinauf, am Sportplatz von Stamnan vorbei und verläuft oben auf dem steilen Hang mit fantastischem Blick ins liebliche Orklatal mit der malerischen Kirche von Rennebu. Über

Das Tal der Orkla in Rennebu

Die Y-Kirche von Rennebu

Waldwege gelangt man wieder ins Tal zur y-förmigen Kirche, die besucht werden sollte. Hier gibt es einen weiteren großen Kilometerstein des Pilgerwegs. In Voll, nahe der Kirche, besteht die Möglichkeit einzukaufen (direkt an der RV 700). Dort ist im Dorfladen-Museum das Pilgerzentrum (Stempel, Kaffee und Waffeln) untergebracht. Der weitere Weg verläuft zunächst an der RV 700.

Von der Rennebu-Kirche beginnen die letzten 100 km bis zum Nidaros-Dom. Hier ist die Einrichtung eines Pilgerzentrums geplant. Nahe der Orklabrücke bei Reberg kehrt man zur Straße zurück (bleibt aber auf der rechten Flussseite: nicht über die Brücke!) und folgt ihr die nächsten 3,5 km.

Die Übernachtung in Tverdal existiert nicht mehr. Deshalb müssen Pilger bis zur Übernachtung auf dem historischen Hof Segard Hoel nahe Meldal gehen (20 km ab Rennebu-Kirche). Segard Hoel liegt auf Höhe der Ortschaft Å, jedoch auf der nördlichen Orklaseite.

In Å besteht die Möglichkeit zum Einkauf, was jedoch einen Umweg von drei Kilometern bedingt.

In Meldal besteht derzeit keine Pilgerübernachtung. Der Pfarrhof gegenüber der Kirche kann aber ein einfaches Gästezimmer für Notfälle anbieten. Das Kirchenbüro ist unter folgender Nummer erreichbar: 0047-90111933 / 72495165.

Übernachtung

Segard Hoel (85 km bis Nidaros):
Etwa 200 m vom Weg bergan, historischer Hof mit originaler Einrichtung, Verpflegung und Selbstversorgung möglich, Mehrbettzimmer, Dusche, Einkaufsmöglichkeit in Å ca. 1 km entfernt.

Tverdal – Meldal (13 km)

Zurück zur Straße in Richtung Meldal an Höfen vorbei, durch Waldgebiete, tw. auch am Ufer der Orkla auf der Sandstraße. Kurz hinter der Abzweigung nach Å geht es rechts zur Herberge Segard Hoel. Wer an diesem Tag weiter will, kann bei der Straßenabzweigung Richtung Å einen Alternativweg am Ufer der Orkla nehmen, ansonsten auf der Straße bleiben. Der Uferweg ist der schönere, bei Lundahåggan trifft er wieder auf die Straße. Diese bis Meldal gehen. Die Kirche von Meldal direkt am Weg ist unbedingt einen Besuch wert.

Übernachtung in Meldal

Meldal Bygdemuseum (78 km bis Nidaros):
Heimatmuseum, einfache Übernachtung in historischen Gebäuden, Selbstversorgung, Dusche.

Olskastet (75 km bis Nidaros):
4 km hinter Meldal, ca. 200 m vom Weg entfernt bei der sagenumwobenen Olavsquelle, Hütte unbedient, klein, einfach, 2 Betten, ohne sanitäre Anlagen.

Meldal-Kirche – Svorkmo-Skytterhus (20 km)

Im Zentrum von Meldal trifft man wieder auf die Straße RV 700, der man kurz in Richtung Orkanger folgt. Rechts biegt ein Fußweg ab, einen steilen Hang hinauf in ein Wohngebiet und zum Museum. Anschließend verläuft der Pilgerweg 2 km neben der Straße und biegt dann links auf einen Waldweg ab. Hier kommt man an eine Hütte, Olskastet, die sich notfalls zum Übernachten eignet, jedenfalls guten Regenschutz bietet. Um diesen Ort gibt es viele Olavssagen.

Ein schöner Waldweg hält die Pilger ein Weile von der Straße 700 fern. Nach etwa 2 km geht's wieder zur Straße und dann daran entlang bis Løkken, ein alter Bergbauort.

In Løkken endet die historische Thamshav-Bahn, die zum Abtransport des Eisenerzes, das hier gefördert wurde, errichtet worden ist. Heute ist die Bahn im Sommer ein Touristenmagnet. In Løkken sollte man sich mit Lebensmitteln versorgen, denn in Svorkmo gibt es keinen Supermarkt mehr. Durch den langgezogenen Ort folgt man der RV 700 und überquert die Straße hinter Skjottskiftet. Es geht den Berg über eine Fahrstraße hinauf und dann über einen sehr steilen Abstieg nach Svorkmo hinunter.

An einem Denkmal für die Eisenhütte von Svorkmo vorbei folgt man der Straße erneut den Hang hinauf. Gute drei Kilometer geht man die Straße, bis man am Schild „Skytterbane" rechts abbiegt. Jetzt hat man bald das Skytterhus (Schützenhaus) erreicht, das ein sehr angenehmes Selbstversorger-Quartier mit großzügiger Küche und geräumigen Duschen ist. Den Schlüssel findet man an einer Stelle, die man telefonisch von Erik Solem mitgeteilt bekommt.

Übernachtung in Løkken

Sans Bergmanskroa (68 km bis Nidaros):
Direkt am Weg, bietet Verpflegung.

Løkken Verk (68 km bis Nidaros):
Direkt am Weg, Essen kann bestellt werden.

Gumdal gård (59 km bis Nidaros):
Selbstversorger-Hütte mit vier Zimmern auf dem Bauernhof, direkt am Weg, Dusche und Waschmaschine, Lebensmittel in Løkken einkaufen.

Svorkmo Skytterhus (58 km bis Nidaros):
Direkt am Weg in geräumigem Vereinshaus, Feldbetten, Selbstversorgung, Küche, Duschen, Einkauf möglich in Løkken (10 km vorher am Weg).

Pilgerherberge von Svorkmo, das Schützenhaus

Svorkmo-Skytterhus – Skaun-Kirche (21 km)

Der Straße, die am Schützenhaus vorbeiführt, folgt man etwa 500 Meter bergauf und knickt dann nach links in einen unscheinbaren Waldweg ab. Achtung: Der Wegweiser rechts der Straße kann zugewachsen sein! Der schmale Waldweg mündet nach einem Kilometer auf die Fahrstraße. Der folgt man bis zum Solsjøen, hält sich an einer Abzweigung geradeaus am See entlang zum Korslia-Gård und steigt dann links auf der Straße bergan bis zu einem Platz mit Sommerhäusern, der Snøtonseter. Der Olavsweg verlässt nun die festen Straßen und Wege. Man gelangt in ein ausgedehntes Moorgebiet mit feuchten Pfaden, die hervorragend markiert sind. Hier ist prächtige Natur mit Multebeeren, Blaubeeren, Wollgras. Vielleicht ist der eine oder

andere Elch unterwegs. Schweigend und achtsam durch diese großartige Naturlandschaft zu gehen erhöht die Chance auf Elchbeobachtung. Der Weg von Snøtonseter bis zur Mellingseter beträgt gut dreieinhalb Kilometer. Unterwegs trifft man auf einen „Kvilesten“ (Verweilstein), der zum Hinsetzen einlädt. Das weite Almgebiet der Mellingseter gehört zur pilgerfreundlichen Skaun-Gemeinde.

Wenn man die Fahrstraße bis zu einem Flüsschen hinabgegangen ist, dann gelangt man über den Brückensteg in ein schönes Waldgebiet, in dem gleich linker Hand eine saubere, wohlriechende Pilgertoilette zu finden ist. Dieses Toilettenhäuschen ist ein Zeichen für die hohe Pilgerbegeisterung in der Skaun-Gemeinde.

An der Toilette vorbei folgt man dem Waldweg zu einer prächtigen Aussicht über Skaun. Im Hintergrund lassen sich die Berge von Trondheim erahnen. Der Weg ist klar

Das Pilgerklo im Wald von Skaun

markiert, nutzt mal Waldwege, Straßenabschnitte und Feldwege, bis er unterhalb eines steilen Berghanges parallel zur Straße auf den Ort Venn zuführt.

In Venn liegt die 800 Jahre alte Skaun-Kirche, daneben das schmucke, freundliche Gemeindehaus, die Herberge und die Schule. Unterhalb des Gemeindehauses sind der Supermarkt und die Post. In Venn findet der Pilger alles, was notwendig ist und guttut, besonders aber freundliche Menschen aus der Gemeinde, die sich mit Begeisterung um Pilger kümmern.

Übernachtung in Skaun

Skaun-menighetshus (38 km bis Nidaros):
Freundlich-modernes Gemeindehaus mit Selbstversorger-Küche und großzügigen Sanitäranlagen, Dusche, 10 Klappbetten und Matratzen.

In der Skaun-Gemeinde gibt es einen gut funktionierenden Pilgerservice.

Kleivan Herberge (29 km bis Nidaros):
Direkt am Weg hinab zum Gaulosen-Ufer in Buvika, Pilgerherberge mit einzigartigem botanischen Garten, Ausblick über den Fjord, viele gemütliche Sitzgelegenheiten, Liv und Jonvold bieten Essen an.

Von Kleinvan aus ist es möglich, in einer Tagesetappe zum Nidaros-Dom zu gehen.

Skaun: Einar Tambaskjelve, Sigrid Undset und Kristin Lavransdatter

In dem sanften, fruchtbaren Talkessel von Skaun, einer früheren Meeresbucht, finden Pilger nicht nur eine liebliche Landschaft, die teilweise an das Alpenvorland erinnert, sondern auch starke geschichtliche Impulse.

In Skaun, auf dem Husaby-Hof, war der sagenumwobene Wikinger-Häuptling Einar Tambaskjelve zu Hause. Seine Bogenkünste waren legendär und brachten ihm seinen Namen ein: Tamba hieß sein Bogen und Tambaskjelve bedeutet „Bogenspanner". Die Reichweite seiner Bogenschüsse war in Wikingerkreisen unübertroffen. Abgesehen von seiner Körperkraft war Einar Tambaskjelve ein geschickter Politiker. Vom sicheren Husaby aus steuerte er, der keineswegs zu den Freunden und Weggefährten Olavs zählte, die Geschicke in Nidaros nach dessen Tod. Er nahm sich der Betreuung des Thronfolgers, Olavs ältester Sohn, an und sicherte sich seinen Einfluss auf die Geschehnisse, die das Machtvakuum in Nidaros möglich machte. Er selbst wurde Christ und ließ auf dem Husaby-Hof die erste Kirche in Skaun errichten. Wieder einmal hatte Einar den richtigen Riecher für die politisch-gesellschaftliche Entwicklung gehabt.

Der Grundriss der ältesten Kirche von Skaun ist heute gut zu sehen. Vom Husaby-Hof aus kann man einen fantastischen Blick über Skaun genießen und sieht die neuere 800 Jahre alte Kirche malerisch liegen.

Der Husaby-Hof kann mit einer weiteren Berühmtheit aufwarten: Sigrid Undset (1882-1949) hat wesentliche Teile ihres berühmten Romans „Kristin Lavransdatter" hier geschrieben (vgl. S. 99).

Faszinierendes nächtliches Lichterspiel mit der Skaun-Kirche

155

Skaun-Kirche – Kleivan – Byneset (Sundetgård) (18 km)

Links am Supermarkt die Straße bergan führt der Pilgerweg zu einer Kreuzung. Links geht es zum Husaby-Hof und dem ältesten Kirchplatz von Skaun. Hier kann man die Ruine der alten Kirche sehen und eine Gedenkminute für Sigrid Undset einlegen. Zurück zur Straße und weiter den Berg hinauf, an den Häusern des Freilichtmuseums vorbei etwa zwei Kilometer auf einer Fahrstraße entlang.

Dann links in einen Waldweg abbiegen, an den Sommerhäusern von Husaby-Seter vorbei in einen märchenhaften Wald mit steilen Abstiegen, knorrigen Bäumen und dem lieblichen Auental des Djupdalsbekken. Ein kurzes Stück über eine Straße, dann hinaufsteigen auf den Djupdals-

heia. Von Djupdalsvollen gibt es großartige Ausblicke auf Gaulosen, ein Nebenarm des Trondheimfjords, sowie auf die weite Ackerlandschaft südlich von Trondheim.

Auf breiten Waldwegen gelangt man jetzt zügig zu den ersten Wohngebieten von Buvika. Der Straße links bergab folgen. Nach wenigen Hundert Metern weist ein großes Schild auf die Pilgerherberge Kleivan. Auch wenn man nicht übernachten möchte, sollte man einen Abstecher in den botanischen Garten von Liv und Jonvold machen. Lauschige Ecken und urige Hütten laden zu einer Pause bei Kaffee und Gebäck ein.

Der Ausblick von Kleivan über Gaulosen, Øysanden und Buvika ist grandios. Wer hier übernachten möchte, kann die Tagesetappe nach Trondheim (29 km) von hier aus mit kräftigem Schritt schaffen. In Buvika gibt es Einkaufsmöglichkeiten. Wer bis Sundet-Gård oder Øysanden weitergeht, folgt der Straße hinab über die Brücke der Schnellstraße zur Promenade am Fjord auf der wenig befahrenen Straße entlang bis zum Campingplatz Øysanden.

Den Pilgerwegweisern bis ans nördliche Ufer der Halbinsel folgen. Hier holt Fährmann John Wanvik (✆ 0047-93083581) die Pilger mit dem Ruderboot ab und bringt sie zum Sundet-Gård am Nordufer der Gaulå, einer der berühmten norwegischen Lachsflüsse. Die telefonische Anmeldung beim Fährmann stellt sicher, dass man nicht unnötig lange am Ufer wartet. Wer Johns Dienst nicht nutzen möchte, muss den Weg über die Uddeval-Straßenbrücke nehmen, in Øysand weiter der Straße in Richtung Osten folgen und sich nach Überquerung der Brücke an die Wege nah am Ufer bis zur Schule bei Mo halten. Hier treffen sich beide Wege und folgen dem blauen Hinweisschild „Pilegrimsleden" hinauf zum Hof Skjefstad.

Übernachtung

Øysand-Camping (23 km bis Nidaros):
Campingplatz direkt am Strand des Gaulosen mit Hütten und Cafeteria, Selbstversorgung.

Sundet-Gård (21 km bis Nidaros):
Über dem Fluss gelegener Hof, als Pilgerherberge dient ein großer alter Speicher (Stabbur), liebevoll eingerichtet, köstliches Abendessen und Frühstück, sehr gute Duschen, meist Doppelbetten; der Hof gehört zu den historischen Quartieren mit Olavsrose, die Königsfamilie übernachtet auf Pilgerwanderungen hier – der Fährdienst kann auch ohne Übernachtung gegen Gebühr genutzt werden.

158

Abendrot über dem Trondheimfjord – geheimnisvoller Himmel, Gaulosen

Byneset/ Øysanden – Nidaros-Dom, Strecke mit Fährmann

Wer sich über die Gaulå hat rudern lassen, kann vom Sundet-Gård der Straße flussaufwärts folgen. Nach gut zwei Kilometern biegt man links ab. Achtung: Das blaue Pilgrimsleia-Schild ist nur aus östlicher Richtung sofort zu sehen!

Den steilen Hang hinauf zum Hof Skjefstad, der Schotterstraße folgen bis zur Mündung in eine Asphaltstraße bei Solberg. Die Straße queren und ein Stück nach rechts bis zum Wegweiser „Zivilforsvaret" gehen, dann links auf den Parkplatz einbiegen. Hier beginnt ein wundervoller Waldweg, der am Kastberg entlangführt.

Der Berg hat seinen Namen von einem alten Brauch: Man warf (kast = werfen) hier Stöcke und Steine, um die Trolle zu vertreiben. Dieser Brauch hat sich bewährt, denn seit Längerem sind hier keine Trolle gesichtet worden. Auf dem Waldweg geht man über den Königstein (Kongesteinen) zum letzten steinernen Wegweiser des Olavswegs: „Nidaros 14 km". Durch Moore gelangt man zum Skisportzentrum Granåsen mit dem Stadion und seinen Sprungschanzen. Es geht wieder hinauf zum Hof Frøset, durch Waldabschnitte nach Vådån (Votan), ein heidnischer Begräbnisplatz mit vielen Hügelgräbern in einem Waldgebiet, und weiter über das Wohngebiet Haukåsen nach Lian, ein weitläufiges Hanggelände mit Aussicht auf die Stadt Trondheim. Der Dom ist von hier noch nicht zu sehen!

Jetzt geht man ein wenig auf der Straße, am Lian-Restaurant vorbei, biegt in einen Waldweg links und gelangt über breite Waldwege parallel zur Lianbahn zum Kyvatn, ein ehemaliger Badesee. Verlässt man das Parkgelände am Kyvatn, so verläuft der Pilgerweg jetzt auf Fußwegen und städtischen Straßen. Über eine Reihe kleinerer Straßen gelangt man zur Sverresborgallee und dem großen Freilichtmuseum Sverresborg. Im Eingangsgebäude befinden sich ein Café und Toiletten. Neben dem Museumsgelände liegt das historische Gasthaus „Tavern“, ein attraktiver Pausenort, bevor man die letzte Etappe hinein in die innere Stadt und zum Dom geht.

Von der Sverresborgallee biegt man rechts in den Fridtjof-Nansens-Vei. Nach gut 200 Metern kommt man an die Stelle, wo man zum ersten Mal den Nidaros-Dom sehen kann. Diese Stelle hieß früher „Feginbrekka“ (Freudenberg) und ähnelt dem Monte Gozo, an dem Pilger in Santiago de Compostela zum ersten Mal der Kathedrale gewahr werden.

Hier sollten Pilger einen Moment innehalten und im Stillen (z.B. das Vaterunser) beten.

Der erste Ausblick auf den Dom

Aussicht auf das Ziel – Feginbrekka/Berg der Freude

Du hast das Stadtgebiet in Trondheim schon betreten und gehst über Stadtstraßen zur Sverresborgallé, kommst zum „Sverresborg-Museum". Hier siehst du den Trondheimsfjord vor dir. Der Weg führt dich zum Fridtjof-Nansens-Vei. Jetzt ist es nicht mehr weit bis zu der Stelle, von der aus du den Dom zum ersten Mal sehen kannst. „Feginbrekka" hieß dieser Ort im Mittelalter, das bedeutet „Berg der Freude".

Jetzt bist du bald am Ziel deiner Pilgerwanderung, dem Nidaros-Dom.

Diese besondere Stelle ist dort, wo Fridtjof-Nansens-Vei und Hjalmar-Johannsens-Vei zusammentreffen. Ein Schild markiert diesen Punkt.

Nimm dir Zeit für eine kleine Besinnung oder Andacht.

Das Ziel unseres äußerlichen Weges ist die großartige Nidaros-Kathedralkirche. Auch unser innerer Weg hat ein Ziel: das Erleben der Gegenwart Gottes in seiner Schöpfung und seiner Kirche, der unsichtbaren und der sichtbaren.

Die Kirche ist gebaut worden, um Menschen in Bewegung zu halten und ihnen einen sichtbaren Ort für ihre unsichtbaren Sehnsüchte und Hoffnungen zu geben; ein Ort, an dem Freude und Trauer, Mühsal und Entlastung, Ergriffenheit und Heiligkeit sein dürfen; ein Ort für Tränen, Gefühle, Erschöpfung, Glück und Leere. Du darfst einfach dort sein – so wie du gerade bist. Dieser Ort trägt und erträgt dich.

Solange wir Menschen auf dem Weg sind, erkennen wir immer nur Bruchstücke und Annäherungsbilder des Lebens, wie es sein könnte. „Wir sehen jetzt durch einen Spiegel, ein dunkles Bild; dann aber von Angesicht zu Angesicht. Jetzt erkenne ich bruchstückhaft, dann aber werde ich erkennen, wie Gott mich kennt." (1. Kor 13,12)

Und doch haben wir schon jetzt Anteil an dem ganz anderen Leben, ein Leben in Fülle. Unterwegs habe ich es für Momente spüren können. Ich bin aufgehoben, Gott ist mir nahe. Jetzt kann ich jubeln: „Ich danke dir, dass ich wunderbar gemacht bin. Wunderbar sind alle deine Werke. Das erkennt meine Seele." (Ps 139,14)

Wenn wir dann an der Schwelle der Kathedrale stehen werden, auf dem Platz vor der Westfassade, dann können wir das als Vorgeschmack darauf nehmen, was sein wird und was in der Bibel „ewiges Leben" genannt wird; ein Leben von Vergänglichkeit und Hass, Krieg und Krankheit befreit. Heil. Wie wird es dann wohl sein?

Jetzt kannst du mit Worten des 84. Psalms beten, ein alter Pilgerpsalm: „Wie lieb sind mir deine Wohnungen, Herr Zebaoth. Meine Seele verlangt und sehnt sich nach den Vorhöfen des Herren. Mein Leib und Seele freuen sich in dem

lebendigen Gott. Wohl den Menschen, die sich auf dich verlassen, die dich für ihre Stärke halten und von Herzen dir nachwandeln. Amen." Du kannst noch ein Vaterunser beten.

Kronprinzessin Mette-Marit zieht auf ihren Pilgerwanderungen an dieser Stelle die Schuhe aus und geht, einer alten Pilgertradition folgend, barfuß zum Dom hinab.

Auch bei „Kristin Lavransdatter" ist dieser Brauch beschrieben. Er folgt der Berufungsgeschichte von Moses: Gott spricht ihn aus dem brennenden Dornbusch an und sagt zu ihm: „Zieh deine Schuhe von den Füßen, denn der Boden, auf dem du stehst, ist heiliger Boden." (2. Mose 3,5)

Etwa 200 m der Straße folgend kommst du an einen wundervollen Aussichtspunkt. Dort liegt dir die Stadt zu Füßen. Der markierte Weg biegt vorher links in die Serpentine des Sverdrupvei. Du findest diesen Weg leicht wieder, solltest dir aber die Aussicht nicht entgehen lassen.

Der Fußweg führt hinunter zum Sverdrupvei, dort entlang zum Dyborg Veien und hinab zu den verkehrsreichen Straßen der Ilen-Halbinsel. An der Ilenkirche gehen die Pilger vorbei und werden über kleinere Straßen allmählich zum Ufer des Nidelv geführt, unter der Elgseterbru hindurch zur Olavsquelle am Hadriansplatz (benannt nach Kardinal Breakespeare, alias Papst Hadrian, der Nidaros zum Erzbistum machte). Hier sollte man erneut innehalten und bedenken, dass die Olavsquelle für viele Pilger herausragende Bedeutung hatte und sie hier Wasser abfüllten, um es nach Hause zu mitzubringen. Von der Olavsquelle führt der Weg hinauf zu Erzbischofshof (Erkebispegården) und Domplatz. Hier befindet sich der Null-Stein des Olavswegs.

Die Pilger sind am Ziel! Nach der Ankunft sollten sie sich im „Pilegrimgården" hinter dem Dom melden, um den Olavsbrev zu empfangen und um weitere Angebote für Pilger zu erfragen. Es gibt ein Abendgebet für Pilgernde.

Der Ankunftstag

Es ist guter Pilgerbrauch, das Heiligtum am Ankunftstag nicht zu betreten, sondern es singend, betend oder schweigend dreimal zu umrunden und sich anschließend im Quartier frischzumachen. Erholt und gesäubert betreten Pilger am folgenden Tag das Heiligtum.

Am Ziel

Im Pilgerzentrum am Nidaros-Dom wurde die norwegische Pilgerliturgie entwickelt, so auch dies Gebet zur Ankunft:

„Gott,
hier an deinem Altar, unserem Rastplatz, stellen wir unseren Pilgerstab ab.
Wir danken dir für alle helfenden Hände, für alle schöpferische Gemeinschaft, von der wir Teil sind.
Bewahre uns vor einem Leben, das stillsteht, gib uns den Willen zum Aufbruch aus dem Kreisen um uns selbst.
Gib uns die Fähigkeit, Wege zu finden, die zu mehr Gerechtigkeit und Lebenshoffnung für alle führen.
Gib Halt unserer Sehnsucht, neue Wege zu gehen, die zeigen, dass unser Leben Ziel und Sinn hat."

Jacobus und Olav – Santiago und Trondheim; die Pilger haben ein Wegenetz über Europa gezogen.

Übernachtung in Trondheim

Trondheim bietet viele gute Hotels, eine Jugendherberge und private Pensionen. Da jede Auswahl willkürlich wäre bzw. den Rahmen dieses Buches sprengen würde, verweisen wir auf die Quartierssuche im Internet und auf die Touristeninformation in Trondheim. Wir geben hier als Herbergen nur den 2008 im Gebäude einer ehemaligen Marineakademie entstandenen Nidaros-Pilegrimsgården an, der gleichzeitig Übernachtungsmöglichkeit und Treffpunkt für Pilger in Trondheim ist, das günstige Interrail-Centre in Domnähe sowie das sogenannte „Pilgerhotel" Elgeseter.

Der Nidaros-Pilgerhof in Trondheim

Nidaros-Pilegrimsgården (Pilgerhof):
Großzügiges Holzgebäude mit Mehrbettzimmern und eigenen Sanitärräumen, Bettwäsche und Frühstück inklusive, Pilger-Café und Bar, Bibliothek mit Pilgerliteratur und Terrasse mit Ausblick auf den malerischen Nidar-Fluss.

Trondheim Interrail-Centre:
Einfache Herberge im Gebäude des Studentenwerks, jenseits des Flusses, 500 m vom Dom entfernt, Frühstück inkl.

Elgeseter-Hotel:
Jenseits des Flusses, 700 m vom Dom entfernt, Einzel-und Mehrbettzimmer, Frühstück inkl.

Der Nidaros-Dom

Der Nidaros-Dom in Trondheim ist Norwegens bedeutendste Kirche und neben dem Dom von Uppsala (Schweden) die zweitgrößte Kirche Skandinaviens. Über dem Grab von Norwegens Heiligem König Olav wurde 1070 mit dem Bau einer Christ-Kirche begonnen.

Die ältesten heute erhaltenen Teile des Doms stammen aus dem 12. Jahrhundert. Das Mittelschiff samt Oktogon ist der älteste Teil des Doms und lässt romanische Elemente erkennen. Ansonsten ist der Dom vorwiegend im gotischen Stil errichtet.

Die Westfassade mit ihren 76 Heiligen-Skulpturen, den zwei Türmen und dem großen, beeindruckenden 8 m durchmessenden Rosettenfenster bleibt allen Trondheim-Besuchern in Erinnerung. Man muss unwillkürlich an Notre-Dame in Paris oder Westminster Abbey in London denken, hinter denen sich der Nidaros-Dom keineswegs verstecken muss. Die Westfassade ist wie eine Grenze, so Pilgerpastor Arne Bakken. Hier wird deutlich, dass man eine andere Welt betritt, die Sphäre der mystischen Gegenwart des Heiligen.

Der Bau der Westfassade wurde 1907 begonnen und ist immer noch nicht abgeschlossen. Eine Vision spricht davon, dass das ganze Gebäude genau in dem Moment in den Fjord stürzen würde, wenn der Bau fertiggestellt wäre. Aus diesem Grund wird man in Trondheim nie aufhören, am Nidaros-Dom zu bauen. Mehr als 25 Kapellen machen ihn zu einem Ort höchster geistlicher Dichte. Besonders in der Olavsnacht (Olavsvaka, 28./29.7.) wird dies erfahrbar, wenn die ganze Nacht hindurch in allen Kapellen und im Hauptschiff Andachten, Gebete, Meditation, Musik und Stille die Besucher anziehen.

Der gesamte Dom, auch die Treppenhäuser, ist dann von Kerzen erleuchtet. In besonderem Glanz erstrahlt der Dom an „Olsok“, dem Festtag des heiligen Olav (29.7.).

Bis zur Reformation beherbergte der Hochaltar im Oktogon den Schrein des Heiligen Olav. Der heutige Hochaltar ist neugotisch (um 1880). Die ganze Kathedrale lädt die Besucher auf eine Art „Pilgerweg“ ein: Beim Betreten von Westen her bricht man in eine neue Welt auf und geht seinen Weg durch den Säulengang auf das Ziel im Osten zu.

Am Ziel: der Nidaros-Dom

Auf dem Weg dahin betritt der Besucher stets neue Nischen und Räume. Am Hochaltar entdeckt man ein Relief der Emmausjünger (Lukas 24) und des auferstandenen Christus, eine klassische Pilgergeschichte der Bibel. Der Gang um den Hochaltar führt den „Pilger" wieder auf den Weg nach Westen, aus der Kirche hinaus, und bereitet ihn auf die Rückkehr in die Welt vor.

Tägliche Gebetszeiten, Stundengebete und Musik laden zum Verweilen in diesem einzigartigen Kirchenraum ein. Eine Turmbesteigung ist mühsam (sehr eng, steile, ausgetretene Stufen, weitgehend Dunkelheit; es wird nur jeweils einer begrenzten Zahl von Personen Zutritt gewährt), lohnt sich aber für den Rundumblick über die Stadt.

Das Olavsrecht „Kristenretten"

Das neue Christenrecht begann so:

„Das Erste in unserem Gesetz ist, dass wir uns nach Osten verneigen und zum Weißen Christus um ein gutes Jahr und Frieden beten, dass wir unser Land, unser Dorf und unseren Hof heil halten. Er sei unser Freund und wir die seinen, und Gott sei Freund über uns allen."

In dem neuen Recht wurde u.a. verboten, neugeborene Kinder in Wald und Feldmark auszusetzen. Leibeigene sollten freigekauft werden. Vielweiberei wurde verboten und Vergewaltigung wurde mit dem Tod bestraft.

Frauen wurden geschützt, bekamen das Erbrecht und durften Stammeshäuptling werden. In jedem Bezirk (Fylke) sollten Kirchen gebaut und Neugeborene getauft werden. Die Verstorbenen sollten in heiliger Erde begraben werden statt in Hügeln oder Steinhaufen wie in heidnischer Zeit.

Trondheim

Vår Frue-Kirche im Herzen der Stadt, Trondheims älteste Kirche

Norwegens frühere Hauptstadt ist mehr als 1000 Jahre alt. Sie hieß Nidaros wegen ihrer Lage an der Mündung des Nidar-Flusses. Stadtgründer war 997 der Wikinger-König Olav Tryggvasson. Heute ist Trondheim mit ca. 170.000 Einwohnern eine moderne junge Stadt mit vielen Studenten. Ihr Magnet ist die technische Hochschule. Mit etwa 20.000 Studierenden ist Trondheims Uni zweitgrößte im Land.

Der Hafen ist wichtiger Handelsort und Verkehrsknotenpunkt im Norden. Er wird von vielen Kreuzfahrtschiffen und täglich zweimal von der Hurtigrute angelaufen. Der Bahnhof ist Ausgangspunkt der Nordlandbahn nach Bodø, nördlich des Polarkreises. Es gibt täglich mehrere Verbindungen

Eines der Wahrzeichen Trondheims: die Bybrua

von und nach Oslo sowie nach Schweden. Dom und Bischofsburg bilden ein deutliches Zentrum und vom Dom geht die Munkegata als Achse direkt zum Hafen.

An der Munkegata liegen der Marktplatz (Torget, mit der Säule Tryggvassons), das Rathaus und die königliche Residenz (Stiftsgarden). Östlich des Doms liegt die hölzerne Bybrua (Stadtbrücke), die in den malerischen Stadtteil Bakklandet mit den hölzernen Speichergebäuden führt. Der Pilgerhof ist direkt am Nidar-Elv-Ufer hinter dem Dom. Sehenswert sind das Freilichtmuseum Sverresborg, die Klosterinsel Munkholm, die romanische Vår Frue-Kirche (Marienkirche) in der Kongegata sowie die gesamte Altstadt mit ihren Holzgebäuden und Gassen. Am Nedre Elvehavn entstand auf dem Gelände einer ehemaligen Werft ein attraktives Wohn-und Gewerbegebiet mit vielen Restaurants.

Wegstein von Hamar: noch 488 km

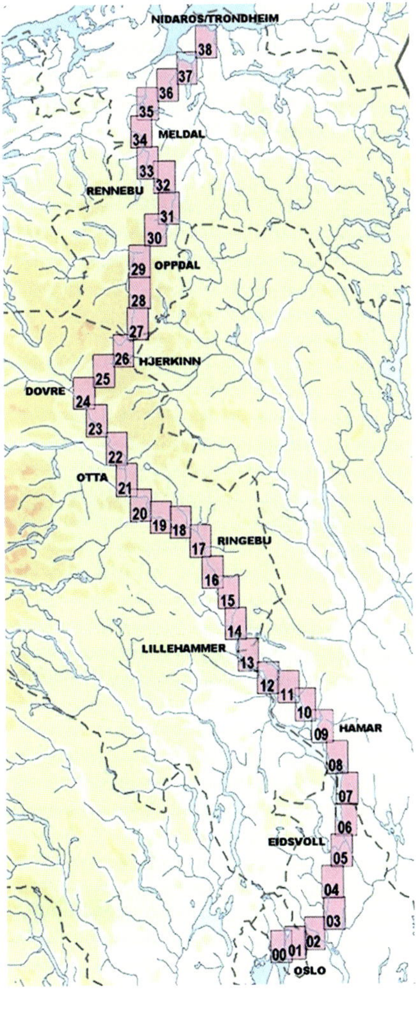

Etappenkarten, die unter **www. pilegrimsleden.no** heruntergeladen werden können

Entfernungstabelle Hamar – Trondheim
(Unterkünfte)

Karte	Ort	km bis Nidaros
10	Domkirchenodde, Hamar	488
11	Mjøsa Fritidsenter, Brumundal	469
	Rudshøgda Kro og gjestegård	459
12	Sveinhaug Gård, Rudshøgda	452
	Steinvik Camping, Moelv	449
13	Brøttum, Johannesgården	432
	Hinklevgården, Lillehammer	423
14	Lillehammer Vandrerhjem	418
15	Nermo Gårdshotell & hytter, Øyer	400
	Skåden Gård, Øyer	392
	Pilegrimsloftet Borkerud, Tretten	384
16	Glomstad Gård og Pensjonat, Tretten	379
	Berget, Ivar O Nordrum, Fåvang	368
17	Tromsnes Gård, Fåvang	364
	Gildesvolles, Ringebu	353
18	Enden Camping, Sør-Fron	346
	Dale Gudbrandsgård, Sør-Fron	341
19	Sygard Grytting, Sør-Fron	335
20	Hollandsk Gjestehus, Vinstra	322
	Øvre Kjaestad, Kvam	311
	Kirketeigen Ungdomsenter, Kvam	309
21	Varphaugen Gård, Otta	298
	Norlandia Otta Hotel, Otta	288
22	Otta Turistsenter, Selsverket	285
	Jorundgård Middelaldersenter, Sel	274

Karte	Ort	km bis Nidaros
23	Vollheim Camping, Dovreskogen	259
	Toftemo Turiststajon, Dovre	248
	Budsjord Gård, Dovre	246
24	Fokstugu Fjellstue, Dovrefjell	234
25	Furuhaugli Turisthytte, Dovrefjell	228
	Dovregubbens Hall, am Vålåsjø	224
26	Hageseter Turisthytte	216
	Hjerkinn Fjellstu, Hjerkinn	212
27	Kongsvold Fjellstue, Dovrefjell	198
28	Ryphusan Refugium, Vinstradal	178
29	Smegården Camping, Driva	162
	Vekve Hyttetun, Oppdal	151
	Imi-Stølen, Oppdal	148
30	Bjørklia Gård, Oppdal	144
31	Langklopp Fjellgård, Rennebu	129
	Hæverstølen Gardstun, Rennebu	126
	Gjesteheim Havdal, Rennebu	123
32	Meslo Gård, Stamnan	107
33	Segard Hoel, Meldal	85
34	Olskastet, Meldal	75
35	Sans Bergmannskroa, Løkken Verk	68
	Svorkmo Skytterhus, Svorkmo	58
36	Skaun Menighetshus, Skaun Kirche	38
37	Hauan Gård, Skaun	37
	Kleivan Pilegrimsherberge, Buvika	29
	Øysand Camping, Melhus	23
38	Sundet Gård, Leinstrand	21
	Nidaros Domkirche	0

Literatur

Alt / Lohse / Weyer: Aufbruch zur Achtsamkeit; Freiburg 2013
Berger, Tormod / Luthen, Eivind: Pilegrimsguiden Hamar; Verbum 2005
Bradley, Ian: Pilgrimage, a spiritual and cultural journey; Oxford 2009
Lohse, Bernd: Familienbande – PilgerKrimi; Kiel 3/2011
Olsen, Harald: Havets pilegrimer; Verbum 2013
Overnattingsguiden – Overnattingssteder langs pilegrimsveien fra Tønsberg til Nidaros; Pilegrimsfelleskapet St. Jakob, Kirkegatan 34a, 0153 Oslo
Schildmann, Michael: Pilgern auf dem Olavsweg; Oldenburg 2013
Tue, Stein (Hg.): Auf den Spuren der Pilger nach Trondheim; Trondheim 2008
Undset, Sigrid: Kristin Lavransdatter; 1920
Weyer, Helfried: Olavsweg – Pilgern in Norwegen; Steinfurt 2010
Weyer, Renate und Helfried: Der Olavsweg, Oslo – Trondheim; Steinfurt 2014
Zahrnt, Thomas: Gen Norden; Kiel 2/2018

Informationen / Adressen

Hauptkirche St. Jacobi, Jakobikirchhof 22, 20095 Hamburg ✆ 040-3037 3713
lohse@jacobus.de / www.jacobus.de / www.pilgern-im-norden.de
Nationales Pilgerzentrum: Munkegata 2, 7013 Trondheim
 ✆ 0047-73522578 / post@pilegrimsleden.no / www.pilegrimsleden.no
Nidaros Pilegrimsgården (Pilgerhof) in Trondheim: Kjøpmannsgata 1, 7013 Trondheim ✆ 0047-73 52 50 00 / post@pilegrimsgarden
Norwegische St. Jakobsgesellschaft:
Kirkegatan 34a, 0153 Oslo ✆ 0047-22330311 / www.pilegrim.no
Pilgerpass für den Olavsweg (gegen Spende und Versandkosten):
Pilgerbüro St. Jacobi Hamburg ✆ 040-30373713 / pilgern@jacobus.de
Pilgerzentrum Hamburg: Pilgerpässe für den Olavsweg werden hier im Pilgerzentrum der Nordkirche ausgestellt und können unter pilgern@jacobus.de bestellt werden.
Pilgerzentrum Vadstena (Schweden):
pilgrimscentrum@svenskakyrkan.se / www.pilgrimscentrum.se
Pilgerzentrum Viborg (Dänemark):
kontakt@viborgpilgrimscentrum.dk
Regionale Pilgerzentren:
Dale-Gudbrandsgård/Hundorp: dalegudbrand@pilegrimsleden.no
Dovrfjell/Hjerkinn: dovre@pilegrimsleden.no
Granavollen: granavollen@pilegrimsleden.no
Hamar: hamar@pilegrimsleden.no
Oslo: ✆ 0047-48052949 / oslo@pilegrimsleden.no